紹興大典

史部

雍正山陰縣志

3

中華書局

山陰縣志卷第二十三

人物志一

帝　后　王　侯

〔補〕自古帝后王侯常產西北自漢而下風氣漸趨而南至如吾越海陬僻壤耳乃自舜禹以迄後世賢聖之君或生而遊焉或沒而葬焉若后若王若侯亦斌斌相繼而起矣其已登于郡志者不具載載其隸于山陰者亦見地靈有獨盛云

帝

宋理宗諱昀初名與莒太祖十世孫父希瓐燕懿王德昭之後也家于山陰母全氏以開禧元年正月癸丑生帝于城西之虹橋里第前一夕父夢一紫衣金帽人來謁比寤赤光滿室家人聞戶外車馬聲亟出無所覩帝常晝寢人忽見其身隱隱如龍鱗時寧宗弟沂王薨無嗣以宗室希瞿子爲沂王後賜名貴和嘉定十三年景獻太子薨乃立貴和爲皇子又改名竑史彌遠在相位久欲假沂王置後爲名居奇貨以射利會塾師余天錫將反慶

元彌遠密囑之曰今沂王無後宗子賢厚者幸具以來天錫渡江抵越城西門過全保長避雨保長知是丞相館客具雞黍甚肅須臾有二子侍立天錫異而問之保長曰此吾外孫趙與莒與芮也日者嘗言二兒後當極貴天錫因憶彌遠言及還臨安以告卽召見彌遠大奇之遂留邸中屬天錫母朱爲沐浴教字禮度益閑補秉義郎爲沂王後賜名貴誠尋授右監門衛大將軍帝時年十七性凝重寡言潔修好學每朝參待漏他人或笑語帝獨

參出入殿廷矩度有常見者斂容爾遠益注意
皇子竑素嫉爾遠語稍泄爾遠乃令國子學録
鄭清之爲王府教授潛謀易儲十四年寧宗有疾
久不視朝爾遠遣清之往沂王府告以將立之意
帝默然不應清之又請帝拱手徐言曰紹興老母
在清之以告爾遠益相與歎其不凡八月寧宗崩
丁亥遺詔于楊皇后矯詔立貴誠爲皇太子改名昀
即帝位封竑爲濟陽郡王出居湖州尋以罪死
在位四十年壽六十二

度宗諱禥理宗母弟榮王與芮之子也嘉熙四年
四月九日生於紹興府榮邸初榮文恭王夫人全
氏夢神言帝命汝孫然非汝家所有既榮王夫人
錢氏夢日光照東室是夕隆國夫人黃氏亦夢神
人來擁一龍納懷中已而有娠及生室有赤光資
識內慧理宗奇之及在位久無子遂屬意托神器
焉淳祐六年十月己丑賜名孟啓以皇姪授貴州
刺史入內小學七年正月乙卯授蘄州觀察使就
王邸訓習後改名孜封益國公又改賜今名寶佑

二年十月癸酉進封忠王十一月壬寅加元服賜字邦壽景定元年六月壬寅立爲皇太子賜字長源七月丁卯入東宫癸未行册禮時理宗家教甚嚴雞初鳴入内問安再鳴還宫三鳴往會議所參决庶事退入資善堂聽講經史將晡復至榻前起居率爲常理宗問今日講何書荅之是則賜茶否則爲之反覆剖析又不通則繼以怒明日使之復講五年十月丁卯理宗崩受遺詔太子即皇帝位庚午宰執文武百官詣祥曦殿表請聽政不允凡

七表始從改元咸淳在位十年壽三十五

后

晉安僖王皇后諱神愛中書令獻之女也以太元二十一年納爲太子妃及帝卽位立爲皇后無子義熙八年崩于徽音殿葬休平陵

度宗全皇后理宗母慈憲夫人姪孫女也畧涉書史知古今初元兵圍潭州不下人有見神人衞城者時后從父自岳州道潭州在圍中逾年事平至臨安會忠王議納妃臣僚言全氏侍其父詔孫同

往返江湖備嘗艱險其處富貴必能盡警戒相成
之道理宗以慈憲故乃詔入宮問曰爾父詔孫昔
在寶祐間没于王事每念之令人可哀后對曰妾
父可念淮湖之民尤可念也帝深異之語大臣曰
全氏女言辭甚令宜配冢嫡以承宗祀景定二年
十二月册爲皇太子妃度宗卽位之三年正月册
爲皇后追贈三代賜家廟第宅五年三月后歸寧
推恩姻族有差

王侯

宋榮王與芮理宗同母弟也嘉定十七年理宗即位封父希瓐爲榮王以與芮襲封奉祀開府山陰蕺山之南曰榮王府

漢陽都侯丁復始以越將從起薛至霸上爲樓煩將入漢從高帝定三秦屬周呂侯破龍且於彭城爲大司馬破項籍軍於葉拜將軍忠臣侯七千八百戶高帝定元功十八人復位十七十九年薨謚曰敬子趮侯寧嗣高后十二年卒子安城嗣孝景時有罪免元康四年復曾孫臨沂公士賜詔復其

家

〔安遠侯〕鄭吉以卒伍從征西域爲郎宣帝時以侍郎田渠黎積穀因發諸國兵攻破車師遷衛司馬使護鄯善以西南道神爵中匈奴從兄日逐王來降吉發渠黎龜茲諸國五萬人迎之至河曲頗有亡者吉追斬之遂將詣京師吉既破車師降日逐威震西域遂并護車師以西北道故號都護都護之置自吉始焉上嘉其功封吉爲安遠侯吉于是中西域而立莫府治烏壘城鎮撫諸國漢之號令

班西域矣始自張騫而成于鄭吉吉薨謚曰繆侯子光嗣薨無子國除元始中錄功臣不以罪絶者封吉曾孫永爲安遠侯

都鄉侯闞澤字德潤孫權稱尊號以澤爲尚書嘉禾中爲中書令加侍中赤烏五年拜太子太傅領中書如故每朝廷大議經典所疑輒諮訪之以儒學勤勞封都鄉侯虞翻稱澤曰闞生矯傑蓋蜀之楊雄又曰闞子儒術德行亦今之仲舒也

山陰侯賀齊字公苗本姓慶氏伯父江夏太守純

避漢安帝諱姓賀氏齊少授守剡長有縣吏斯從
輕俠爲姦齊斬之從族黨糾衆攻縣齊率吏民擊
破之威震山越後大末豐浦民反轉守大末長誅
惡養善期月悉平侯官長商升起兵應王朗齊諭
以禍福升遂降領都尉事累立破戰功遷秩賜軿
車駿馬吏卒兵騎如在郡儀吳主權望之歎曰非
積行累勤此不可得常從權攻魏合肥魏將張遼
襲權于津北齊將兵迎于津南脫權于難因涕泣
曰願主以此爲戒權自前收其淚曰謹已刻心

豈但書紳後與陸遜破尤突降丹陽三縣得精兵八千拜安東將軍封山陰侯遷後將軍領徐州牧弟景任爲賊曹校尉子達孫賀位至虎牙將軍

都鄉侯鍾離牧字子幹意七世孫少居永興躬自墾田二十畝禾登縣民爭之牧不與競由此發名赤烏五年從郎中歷遷中書令會建安鄱陽新都三郡賊亂出牧爲監軍使者討平之封秦亭侯越騎都尉永安中以平魏將軍領武陵太守會魏郭純進攻酉陽牧率所領晨夜進道斬渠帥及其支

黨純等散走五溪平進封都鄉侯卒于官家無餘財士民思之子稺嗣代領兵少子猗在忠節傳

晉餘不亭侯孔愉字敬康年十三而孤養祖母以孝聞與同郡張茂字偉康丁潭字世康齊名時人號曰會稽三康建興初叅丞相軍事以討華軼功封餘不亭侯蘇峻反愉朝服守宗廟峻平愉往石頭詣溫嶠嶠執手流涕曰天下喪亂忠孝道廢能持古人之節歲寒不凋者唯君一人耳三遷尚書左僕射後以論議守正爲王導所銜果乞骸骨不

許山爲會稽内史乃營山陰湖南侯山下數畝地爲宅草屋數間棄官居之卒謚曰貞

晉永安伯下潭字世康元帝時爲尚書祠部郎時瑯琊王哀始受封帝欲引朝賢爲其國上卿將用潭以問賀循循曰潭淸淳貞粹聖明所簡才實宜之成帝時爲散騎常侍蘇峻作亂帝蒙塵于石頭潭隨從不離帝側峻誅賜爵永安伯卒謚曰簡

梁建寧侯王琳元帝時以軍功封侯梁亡起兵赴難詳忠節傳

陳文招縣男韓子高年十六事陳文帝于吳興帝常夢騎馬登山路危欲墮子高推捧而升文帝之討張彪也據有州城會彪自剡縣夜還襲之文帝自北門出倉卒闇夕軍人擾亂時周文育鎮北郭香巖寺子高往見出入亂兵中慰勞衆事帝兵稍集子高引入文育營因共立栅明日敗彪帝卽位除右軍將軍封男

唐滎陽郡公孔若思早孤其母躬訓教長以博學聞有遺以褚遂良書者止納一卷其人曰是書貴千

金何取之廉若思曰審爾此亦多矣復還其半明經歷庫部郎中座右置止水一石明止足意中宗初敬暉桓彥範當國以若思多識古今凡政事必諮質而後行遷禮部侍郎出爲衢州刺史別駕李道欽有詔切責之後別駕見刺史致恭自若思始以清白擢銀青光祿大夫累封梁郡公謚曰惠武昌縣子孔禎第進士歷監察御史門無賓客高宗時遷絳州刺史進封卒謚曰溫子詡仕至左補闕陳子昂稱其神清韻遠可比衛玠

宋祁國公杜衍詳本傳

山陰縣越國公王佐詳本傳

山陰縣開國子陸游詳本傳

山陰縣志卷第二十四

人物志二

名宦　令　丞　簿　尉　學官

名宦有紀存德澤而公懿好者也賢者傳則不賢者詘矣由漢迄今無慮數千載所書僅若而人在古或有遺焉其傳者弗敢誣也

國朝僅登一人其他政事雖賢而其人尚存者例不遴入

縣令

漢王閎字遷公無錫人建武初爲縣令不受一人公庭閑寂時號王獨坐

吳吾粲字孔休吳郡烏程人爲縣令有能聲少時與同郡陸遜齊名後至會稽太守召處士山陰謝譚爲功曹譚以疾辭粲教曰夫應龍以屈伸爲神鳳凰以嘉鳴爲貴何必隱形于天外潛鱗于重淵哉在官舉民討平山越寇名重江東

朱然字義封爲餘姚長遷山陰令加折衝校尉督治五縣孫權每奇其能終左大司馬右軍師

晉沈叔任吳興武康人少有幹質爲縣令職務辦不舉者後爲益州刺史

江統字應元陳留人爲令有善政時羌戎雜處嘗作徙戎論諷朝廷備其萌兆朝議不省後五胡繼亂中原盡如統言以統爲知言

干寶字令升新蔡人有良史才領國史後補山陰令有令名

王鎮之字伯重琅琊臨沂人始令剡再令上虞稱循良大元中會稽内史謝輶舉爲山陰令其績效

尤著一云後爲桓溫録事參軍銜命賑恤三吳料會稽內史王愉不奉符旨爲貴盛所抑以母老求補安成太守母喪去職在官清潔妻子無以自返乃棄家致喪還葬上虞服闋爲征西司馬南平太守後爲御史中丞執法不撓百僚憚之出爲廣州刺史在鎮不受俸祿蕭然無營去官之日不異初至

魏覬字長齊會稽人世稱四族之雋及涖官山陰果以政績顯著時益稱服之

王准之字元曾瑯琊臨沂人義興中爲邑令以討

擢爲長沙内史

梁謝岐山陰人爲尚書金部郎令山陰侯景亂政齋

東陽景平依張彪彪在吳郡及會稽庶事一以委

之

沈僧昭吳興武康人爲令有能聲推服于時

沈浚字叔源憲之子博洽有材歷山陰吳建康三

縣以循良著累遷御史中丞

陳褚玠字温理陳大建中爲中書侍郎時山陰多豪

猾前後令皆以贓汚免宣帝患之以玠清廉有器

虔遂用爲令縣人王休達輩賄賂通姦隱沒丁戶玠乃收休達具狀啟臺宣帝手勑慰勞遣使助玠搜括所出軍人八百餘戶時曹義達爲宣帝所寵縣人有諂事義達憑其勢暴橫者玠執而鞭之吏民股慄莫敢犯

（唐）張遜乾寧初爲縣令董昌稱帝于越州自號大越羅平國改元順天署置百官召遜知御史臺遜固辭曰公自棄爲天下笑且浙東六州勢不助逆獨據孤州祇速死耳昌怒曰遜不知天意以邪說拒

戕囚而害之

宋　陳舜俞字令舉烏程人熙寧三年以屯田員外郎出知縣事時青苗法行舜俞不奉法上疏陳其害因自劾奏入貶監南康軍鹽酒稅

元　賈棣真定人至正間爲縣令政廉惠而才明敏百姓咸服

定定字君輔畏兀氏人至正間爲縣達魯花赤均賦役興學校表賢良明教化吏民稱之

明　崔東字震初洪武初知縣事有治聲賦均訟簡民

去後思之

胡志學貴池人洪武末知縣事首興學校士知所修業惠於齊民百姓咸樂其生

譚應奎廣東人有治劇才洪武辛巳知縣事擿奸袪弊吏民畏之不敢欺

姜榮峽江人洪武辛巳以試御史出知縣事守官箴修紀飭法尋膺薦擢陝西按察僉事

王耕字舜耕山東單縣人永樂中知縣事貞介慈和有經濟大畧時草昧初營造學殿遠衛甸[illegible]

校絡繹旁午供億調發民且不堪耕經理節約不擾法亦不病民内官鄭和下西洋索寶玉道所經輒縱恣富家患苦直入人室廬探囊發篋遠近騷動耕言邑小民貧土產布粟而已寶玉非所出也和遂去耕又善水墨畫爲世所珍

錢浩華亭人宣德間知縣事愷悌文雅抑豪強伸枉滯斷獄平反皆得其情里胥應役有程度吏莫敢驕停治行爲一時之最

周鐸四川太行人景泰初知縣事外剛内恕豪猾

有梗治者皆繩以法民相戒不敢犯尤留意學政
以治行稱
金爵字良貴四川人謙約易諒成化中知縣事不
易守法節賦省刑居官無赫赫名而下民愛之如
父母時郡多虎獨不入境人以爲德化所感都御
史劉敷奏其績擢太僕丞拜刑部尚書諸寮官皆
侍從人謂盛德昌後云
王楨字用檢崑山人成化中知縣事廉介文雅識
體務仁民隱吏人不能爲奸民以不擾秩未滿丁艱

揚行中字惟慎通州人嘉靖間以進士知縣事重厚鎭俗不務苛細雖棼劇中不越常度所推行必察其當于羣情者時方儲於前威而行中以簡靜居之寬猛相濟士民歡洽秩滿擢監察御史

劉崗字晉初鳳陽人嘉靖間以進士知縣事性敏穎剽幹剖決無滯牒邑有瀕海漲沙凡千頃民因爲田歲有穫而無徵額崗請于當道躬親履畝而以邑之無抵粮稅畳均于內民甚便之㝷視事三年布利鋤弊職務畢舉而公庭晏閒賦詩盈篋前後

爲令以儒雅稱者必推舅焉遷刑部主事

以上邑令皆

舊志所載

徐貞明字伯繼號孺東貴溪人以進士授山陰令愷悌爲性在任五載抑豪强扶善良緩科勸農以至葺官路築海塘不取行鋪不差公勾不畏勢閥不避上撓凡邑令中所罕見考校士不徒以文必舉公正者爲民導善止惡及貞明應召民無不泣送輿馬擁不能行甚有隨至南直隸山東界戀戀不忍去者今建祠在迎恩門外邑人張元忭爲之

記徐渭贈以歌書之碑陰

毛壽南吳江人由進士授山陰令眞誠愷悌退然若不勝衣及事有掣肘人所袖手者白之無難色民有隱得以自言値歲歉道殣相望壽南請蠲不得則停征兩限監司讓之弗顧仍捐廩祿多賑濟饑者得糜病者得藥時有乘災謀爲亂者廉得渠魁捕治之餘黨悉散先是吏胥媚攝篆詭報完賦以自爲功會敕撫院據完額索賦壽南具實以報卒罷徵越俗多以殺人相誣一訊之家輒破乃先

驗屍然後詢遂使誣者偃息故饟勾餘之衛在三百里外民或干澇旱爲權豐歉議改折復量授科當道善其議後他邑通行之邑有麻溪壩壩外爲天樂鄉田三萬七千有奇江潮衝溢乃築堤于猶山鄭家山之間以捍外潮民爭赴工不費公家一綫而專竣方欲開壩以洩兩盈湖之水使天樂鄉與諸暨即山會蕭三邑之田亦可無旱潦誠鉅利也時衆議未定會應內召不果行治山陰五載拜御史民追思而祠之

馬如蛟字騰仲直隸和州人天啓壬戌進士令山陰廉明愷悌頗吃于口而斷決如流案無留牘嘗築海塘修麻溪壩定閘規以洩兩盈湖之水立大善社建義倉每擒盗賊禁毋得妄攀値旱荒禱雨即澍爰建逢年亭于城隍廟中朔望率父老子弟諄諄講聖諭六言入闈分校士號爲得人後以行取陞御史巡西蜀振綱肅紀賊魁授首辛未巡漕以武闈時累落職歸時流氛熾甚獨募士固守會寇大至力竭不支和州陷與弟訣曰願爲厲鬼以

殺賊耳死之其一門死節者十有四人越人聞而
哀之崇祀名宦
皇清顧予咸字松交長洲人順治丁亥進士初越疆甫
定前令死于官是時土賊遍村落民稍殷實者出
城不數武即被擒去各鄉雖行團練法亦焚掠無
虛日凡農民不願爲盜者脅從之始免死寇氛莫
熾焉城門常晝閉甲冑士介馬而馳金鐵聲不絕
于耳發兵斬獲愈多而揭竿者愈蔓予咸甫下車
伺其情狀慨然曰是可撫而定也遂挺身帶吏胥

一二人艤小舟往喻以禍福且憫其不得已之情慰遣之賊挺戈羅拜願爲良民者即註之籍給免死牌申請上司保之時山陬海澨賊不下數十萬單車所至前後皆就撫實其力也爲山陰令六年性通敏有能吏聲以行取陞刑部主事尋轉吏部稽勳司員外民有歌曰鑑水南鑑水北奕奕井廬如錦簇瀲灔赤子弄刀兵翻天倒地成荆棘我侯刈之非戈殳但言與汝事稼穡解下盤頭裁作衣將來白布染成色烽烟靖盡舊湖光採蓮聲起歌啞啞

丞

元 戴正 鄱陽人至正間爲山陰丞時年方十九詳愼如老吏有淸操政尚寬平適承檄括民田詭隱弊革而民不擾

明 應佐 江都人自少以志節聞貢爲太學生鄉有妖佐爲辨怪文以禱于神妖遂熄武宗南狩佐抗疏勸返駕禍且叵測而佐處之晏如以是天下稱其正氣縉紳多頌美其事及丞山陰淸而有體以文學飭吏治遷高陽知縣

簿

周[illegible]斌永樂初爲主簿性寛仁不施鞭朴而吏不忍欺蒞政數月庭無滯獄尋被徵擢

尉

宋鄭嘉正福州福清人紹熙初爲尉以幹理稱

明陽春洪武中爲縣尉清勤廉介有幹局晨起視事日昃未罷唯啜糜而已隆冬無衣上官知其貧以衣衣之受而不服其介如此

黄昇四會人永樂初爲縣尉廉謹有爲才訟平事集民懲之

學官

明韓宜可字伯時忠獻公琦之後幼好學磊落有大志洪武初以歲貢授山陰文學歷西臺御史自以受知遇言事奏講無所避大臣之貴倖者咸側目爲出爲陝西按察僉事坐累免爲庶人尋起按山西布政司久之再坐累謫滇陽隷戎籍未幾事白復起爲雲南參政擢右副都御史宜可雖以文學名然明習法令歷憲臺多所平反世稱老吏云

薛正言洪武初詔郡縣立學命采輿望士爲學官

所司薦正言以鄉人署訓導諸生皆鄉子弟正言視之益親執經坐講席爲辨析疑隱發揮宗旨諸生相聽受忻忻如也累官廣東參政應天府尹

王受益字子謙舉明經爲邑庠訓導淹貫經史尤邃於春秋學善指授多所發明恒病傳註煩蕪或背聖人作經之旨取汪氏纂疏李氏會通程氏本義折衷之裒爲一書名曰春秋集說後召入翰林校書受益與韓宜可薛正言先後興學于鄉爲鄉後進所宗

人物志三　名宦終

劉士驪字念生華亭人萬曆丙辰會魁崇禎戊辰任邑事清廉為政悉除耗費聽訟惟存哀矜之念理寃釋枉多所全活捐俸以葺文廟遇歲歉賑饑施粥掩埋澤枯濬河築塘至簿書之暇輒勸與多士嚴月課建義學治行推為第一歷任太僕寺卿康熙十九年紳士具請崇祀名宦足徵遺愛之在人歷久不忘云

皇清范其鑄字東巖漢陽人登順治戊戌進士康熙十九年知縣事甫下車謁聖學見其傾圮首創修

之辛酉分校浙闈拔士七人悉係名彥會歲大祲捐俸賑給勸諭士民設法救濟俾鳩形鵠面之衆免塡溝壑值霪雨害禾躬勘申憲得　題免本年正賦之半民困蘇邑賦繁又歲苦逋嘗曰民屬吾子急完正賦徒事鞭扑父母之謂何況追呼過擾徒飽胥吏吾唯以撫字爲催科俾吏不擾而民樂輸郡監司憲使嘖讓迭至勿顧也至鞫獄在務平情辨事鈎索株連以理諭之片言立解共稱慈父生平剛正自好甘處澹泊不襲推挽喜讀書淹

通弘博所垂制義皆闡明聖賢奥旨每歲校士課文德造之譽洋溢蠡城二十二年季冬因勘視水災爲民盡瘁身嬰寒疾遂歿於官署享年五十有七士庶俱爲慟哭失聲如喪怙恃曰自高公登先令吾邑後又得范公　清興以來推良吏者惟此二公子之屏貢生候選教諭之翰刻名成均俱敦文尚行克承先澤焉

□□縣志　卷二□四　十八

山陰縣志卷第二十五

人物志三

寓賢

古之君子達觀海宇迹其所居令名垂焉山陰古稱名勝高賢之所萃止紀其標度泝其流風後起者斯有所興矣

漢梅福字子真、九江壽春人、少學長安、明尚書穀梁春秋、爲郡文學、補南昌尉、後去官歸壽春、居家嘗以讀書養性爲事、至元始中、王莽專政、一朝棄妻

子去九江至今傳以爲仙後百餘年有人見于會稽今山陰之地有山曰梅山梅尖有鄉曰梅墅有里曰梅里有泉曰子眞泉皆其遺蹟也

晉王羲之字逸少臨沂人司徒導之從子也少有美譽朝廷愛其材器爲右軍將軍會稽內史雅好養性不樂居京師初渡浙江見會稽有佳山水名士多居之卽有終焉之志時孫綽李充許詢支遁等皆以文義冠世並築室與居嘗集同志修禊山陰之蘭亭自爲製序而書之冠絕今古嘗臨池學書

池水盡黑、每自稱比鍾繇當抗衡、比張芝猶當鴈行也、典午中葉、王事多艱、重以敦峻叛亂、羲之負經濟才、知時事不可爲、遂絕意不仕、稱病去郡、于父母墓前、爲文以誓之、遂與東土人士釣弋採藥、盡山水之樂、嘗與謝萬書曰、古之辭世者、或披髮佯狂、或汚身穢跡、可謂艱矣、今僕遂宿心、豈非天幸、頃東遊還、修植桑果、今盛敷榮、率諸子抱弱孫、遊觀其間、割甘分食、以娛目前、猶欲教養子孫、敦厚退讓、彷彿萬石君之遺風、其懷抱高曠與倫義

之篤類如此子七人凝之徽之獻之最著留家于山陰遂世爲山陰人

梁何胤字子季廬江灊人仕齊至中書令豐圖宅欲入東山拜表辭職不待報輒去有敕許之以越山多靈異往遊焉居若邪山雲門寺初胤二兄求點並棲遁求先卒至是胤又隱世號點爲大山胤爲小山求曰東山世謂何氏三高梁武帝踐阼詔爲特進不起有敕給白衣尚書祿固辭又敕山陰庫錢月給五萬不受乃敕何子朗孔壽等六人于東山受學

亂以若耶處勢迫隘不容學徒遂遷秦望山山有飛泉乃起學舍即林成園因巖爲堵別爲小閣寢處其中躬自起閉僮僕無得至者及卒簡文帝親撰墓誌銘

唐賀知章字季真越之永興人性曠逸善談說與族姑子陸象先善象先常謂人曰季真清譚風流吾一日不見鄙吝生矣嗣聖初擢進士超拔羣類累遷太常博士禮部侍郎兼集賢院學士一日併謝宰相源乾曜曰賀公兩命之榮足爲光寵元宗自

爲贊賜之遷太子右庶子克侍讀從工部肅宗爲太子知章遷賓客授秘書監知章晚節尤誕放遨遊里巷自號四明狂客及秘書外監天寶初夢遊帝居數日始寤乃請爲道士還鄉里以宅爲千秋觀有詔賜鏡湖剡川一曲既行帝賜詩皇太子百官餞送于途後老于鏡湖故越人呼鏡湖爲賀鑑湖云

張志和字子同始名龜齡婺州金華人年十六擢明經以策干肅宗特見賞重命待詔翰林因賜名

親喪不復仕居江湖自稱烟波釣徒著元眞子亦以自號又著大易十五篇築室稽山每垂釣不設餌志不在魚也觀察使陳少游往見爲終日留表其居曰元眞里陸羽嘗問孰與往來對曰太虛爲室明月爲燭與四海諸公共處未嘗少別何有往來李德裕稱其隱而有名顯而無事不窮不達嚴光之比云

方干字雄飛新定人工詩賦欲舉進士有司奏干缺脣不可與科名遂遁跡鑑湖蕭然山水間以詩

自放咸通中太守王龜知其亢直薦爲諫官召不就將歿謂其子曰誌吾墓者誰與吾之詩人自知之誌其日月姓名而已及卒門人私謚曰玄英先生唐末宰臣奏名儒不遇者十五人追賜進士出身干與焉

宋沈焦字天明錢塘人熙寧四年與其二子琰佩至京師司馬光得其所著書十六篇獻諸朝既出而公卿士大夫爭傳之是年登進士第擢爲開封府推官居歲餘府胥以姦贓敗窮治甚急事連前後

尹佐者十餘人而煥無纖毫累由是淸愼之譽聞
於時超授右正言寳文閣待制是歲元豐二年也
當遣人使遼賀生辰上難其人朝臣推曰非沈煥
不可即日奉詔行遼人使趙資睦迓煥果不辱命
而歸後遼使至復使煥館客西北之釁遂解章惇
爲門下侍郎而給事中爲之屬乃奏言給事中三
省之屬凡所封駁宜先稟而後上詔從之煥謂韓
忠彥曰噫是執政之意也給事中失其職矣復奏
言願從丁亥詔爲正上從之五年上疏論靑苗之

害上感悟拜樞密副使力辭而歸及神宗崩煥赴闕百姓遮道呼曰此沈相公也公無去願留相天子活百姓所在數千人聚觀之煥歸錢塘太皇太后屢詔不起隱于越州鑑湖之滸崇寧四年八月薨于山陰大保里享年七十有一謚忠肅河南程頤爲之傳所著文章集爲二十四卷奏議十六卷行事一卷家傳一卷立祠法雲寺之右春秋世祀焉○子琰字公執學于龜山先生之門崇寧間登進士第拜國子監直講高宗即位擢監察御史初

蠻八百餘人自荆襄來歸力請納之不聽遂託疾歸不雨月蠻果爲亂朝廷屢詔不起紹定二年上幸其居講論終日貫穿通洽不可窺其際端平二年卒其兄繼先淳熙進士知江寧府亦甚有賢名四子存仁存義存禮存智皆讀書好古公因史彌遠賈似道柄政誡勿仕後葬于苦竹山魏了翁誌其墓御製誄詞勅安隱寺收拾賜田祀之子孫遂居城西之霞頭世爲山陰人

尹焞字彥明洛陽人少師事程頤常應舉見發策

有誅元祐諸臣議淳曰噫尚可以干祿乎不對而出告頤曰淳不復應舉進士矣頤曰子有母在歸告其母母曰吾知汝以善養不知汝以祿養頤聞之曰賢哉母也於是終身不就舉靖康初用种師道薦召至京師不就賜號和靖處士及金人陷洛淳闔門被害淳死復甦劉豫以兵劫淳淳抗罵不屈夜徒步渡渭潛去紹興八年除秘書少監兼崇政殿說書每當講日前一夕必沐浴更衣以所講書置案上朝服再拜齋于燕室或問之曰必欲以

所言感悟君父安得不敬高宗嘗語參政劉大中
曰焞學問淵源足爲後進矜式班列中得老成人
亦見朝廷氣象乃以焞值徽猷閣爲侍經筵復除
權禮部侍郎兼侍講 國極論和議之非又以書切
責秦檜尋乞致仕其壻邢純迎養于越卒因葬焉
所著和靖文集十卷

張達猷字辰卿四川漢州縣竹人魏公後五世孫
景定改元錄張栻後以蔭補官仕至貴州朝列大
夫三年歷紹興府知府時賈似道秉政達猷鯁直

不阿未嘗奔競權門往返武林惟與參知政事江萬里直學士院文天祥詩酒還從深相結納買似道造私第于紹興山陰縣治之西官吏民人過其門者皆出車下馬如王府例遠獻于左右造二橋迂道避之遠獻勵精圖治屬吏俱不敢舞文弄法四境肅然鏡湖田旱潦不時遠獻留心溝洫一遵會稽太守馬臻遺制築堰脩閘農民恃以有秋又于退食之所作堂名思明以志警郡人頌其廉明比之劉寵范仲淹云歷年報政加大中大夫賜緋

[illegible]帝遣中使以賜

[illegible]二年紹請祠鄉費嘗病腸艱于據鞍以舊

所御肩輿賜焉後加少保開府温州卒于温贈少

傅累贈太傅開國公謚忠節賜祭葬子竦之知温

州軍府事次子千之秘閣修撰世家于越

張遠猷字辰卿四川漢州綿竹人魏公浚五世孫

景定改元錄張栻後以蔭補官仕至貴州朝列大

夫三年陞紹興府知府時賈似道秉政遠猷鯁亮

不阿未嘗奔競權門往返武林權貴參知政事沈萬里值學士院文天祥詩酒過從豪横恣納賈似道造私第于紹興山陰縣治之西官吏民人過其門者皆出車下馬如王府例遠欲于左右造二橋迂道避之遂獻勵精圖治屬吏俱不敢舞文弄法四境肅然鏡湖田旱潦不時遂獻留心溝洫一邊會稽太守馬臻遺制築堰修閘農民恃以有秋又于退食之所作堂名思明以志警郡人頌其廉明比之劉寵范仲淹云五年報政加大中大夫賜緋

衣入金頂袋致什物裝裝歸石匣蒙古兵入及道入蜀
諸路四川道梗遂寓于山陰卒葬雲門石人山
至今子孫繁衍累世簪纓不絕爲一邑望族
曾惠字仲常南豐先生鞏之孫補太學內舍生以
父任爲郊社齋郎累官朝奉郎通判溫州攜家次
于越建炎三年詰旦皆詣府見不至者衆惠獨不
往逮捕見琶八辭氣不屈并妻與家屬四十餘口
同殺于南門外越人作大冢瘞其尸其弟餘杭令
息收葬于天柱山惠死國與衛士唐琦時事相同

琦先有祠[illegible]嘉靖壬寅知府張明道始移大節

祠並琦配之

韓肖胄相州人忠獻公琦之曾孫徽宗時賜同上

舍出身建炎初為工部侍郎條奏戰守計千餘言

累遷僉書樞密院事後以資政殿學士知紹興府

尋奉祠與其弟膺胄寓居于越事母以孝聞卒諡

元穆

林景熙字德陽溫之平陽人也宋咸淳中進士宋

亡不復仕與同舍生邑人鄭樸翁輩私相嗟悼以

不能以國難報君恩爲愧嘗寓越適楊髠發諸宋陵墓棄其遺骸景熙佯爲採藥行陵上以草囊拾之盛以二函託言佛經瘞越山植冬青樹以志之而哭以詩既而歸平陽尋爲會稽王監簿延致于是往來吳越者二十餘年歸卒于家所著詩文有白石藁白石樵唱

元 王冕諸暨人七八歲時父命牧牛隴上竊入學舍竊聽諸生誦書聽已輙默記暮歸忘其牛或牽牛來責蹊田父怒撻之已而復如初母曰兒癡如此曷

不聽其所爲晃因去依僧寺以居夜潛出坐佛膝上執篋映長明燈讀之琅琅達旦佛像多木偶獰惡可怖晃小兒恬若不見安陽韓性聞而異之命之學遂爲通儒性卒門人事晃如事性時晃父已卒即迎母入越城就養久之母思還故里晃買白牛駕母車自披古冠服隨車後鄉里小兒競遮道訕笑晃亦笑著作郎李孝光欲薦之爲府史晃罵曰吾有田可耕有書可讀肯朝夕抱案庭下備使令哉部使者行郡坐馬上求見拒之去去不百武

晃倚樓長嘯使者聞之衘晃屢應進士舉不中遂
棄去下東吳渡大江入淮楚歷覽名山川或遇奇
才俠客談古豪傑事即呼酒共飲慷慨悲吟人斥
爲狂北遊燕都館秘書卿泰不花家泰不花薦以
館職晃曰公誠愚人哉不滿十年此中狐兎遊矣
何以祿仕爲即日將南轅會其友武林盧生死灤
陽唯兩幼女一童留燕倀倀無所依晃知之不遠
千里走灤陽取生遺骨且挈二女還生家晃既還
越復大言天下將亂時海內無事或斥晃爲妄乃

攜妻孥隱于九里山種豆三畝粟倍之植梅千株桃杏居其半芋一區薤韭各百本引水爲池種魚千餘頭結茅廬三間自題爲梅花屋嘗倣周禮著書一卷坐臥自隨秘不使人觀既而撫卷曰吾未即死持此以遇明主伊吕事業不難致也嘗風日佳時操觚賦詩千百言不休皆鵬騫海怒讀者毛髮爲聳人至不爲賓主禮清談竟日不倦善畫梅不減楊補之求者肩背相望未幾汝潁兵起一如冕言明太祖取婺州將攻越物色得冕寘幕府授

以諮議叅軍一夕病故見狀貌魁偉美鬚髯磊落有大志不得少試以歿

山陰縣志卷第二十六

人物志四

列傳一

夫賢哲克生古今代有列其經世者而敘述之文獻足徵紀載之體備矣其或懿行芳躅卓異而擅名亦有貞女高人幽隱而濟美著之別傳所以顯彝教示典刑也後有作者攷世而類稽焉鄉有餘師惟景行之不匱耳若夫方技小術緇黃異流藝成行修世有稱述不可以詭異而遺也法當附書

于後

補粵自文成講學隆萬以來山陰之接其派者代不乏人而勳猷忠烈亦復相繼而起至啓禎之際明運衰矣而骨鯁之臣節烈之士氷操之婦後先照耀獨優于他郡虞翻云忠臣接踵孝子連閭詎不信耶下及文章技能更彬彬間作有謂古今人不相若者夫豈其然

漢賀純字仲貞少爲諸生時博極羣藝十辟公府三舉賢良方正皆不就復徵拜議郎數陳災異上便

宜數十事多見省納遷江夏太守

鍾離意字子阿少爲郡督郵亭長有受人酒禮者府下記案致之意封還記言于太守侯霸曰春秋先內後外今宜先清府內若闊略遠縣細微之愆勿宜案太守甚賢之遂任以縣事舉孝廉辟司徒掾嘗部送徒詣河內冬寒徒不能行意移屬縣使作徒衣事聞光武謂侯霸曰君所使掾何乃仁于用心誠良吏也除瑕丘令吏有犯法者旣服不忍誅吏父謂其子曰無道之君以刃行誅有道之君

以義行誅遂行進藥而死再遷堂邑令縣人防廣爲父報讐繫獄其母病死廣哭泣不食意傷之乃聽廣歸使得殯殮丞掾皆爭意曰罪自我歸義不累下遂遣廣殮母訖果還入獄意密以狀聞廣竟得以減死論徵爲尚書時交阯太守張恢坐贓伏法以貲物簿入大司農詔班賜羣臣意得珠璣悉委地不拜賜帝問其故對曰此贓穢之物誠不敢拜帝嗟歎曰清乎尚書之言乃更以庫錢賜意轉尚書僕射車駕數幸廣成苑意以爲從禽廢政當

車陳諫天子即時還宮永平三年夏旱火起北宮意詣闕免冠疏請帝策報罷遂應時澍雨焉帝性褊察好以耳目隱發爲明公卿近臣數被詆毀至見提曳朝廷爭爲嚴切以避誅責意獨敢諫諍數封還詔書臣下過失輒救解之帝雖知其至誠然亦以此故不久留出爲魯相後德陽殿成百官大會帝思意言謂公卿曰鍾離尚書若在此殿必不立意視事五年以愛人利物爲化卒于官

鄭弘字巨君少爲鄉嗇夫太守第五倫見而奇之

召署督郵舉孝廉弘師同郡河東太守焦貺楚王
英謀反發覺引貺貺被收道亡妻子繫獄諸生故
人皆變名姓以逃弘獨髡頭負鐵鑕詣闕上章爲
貺訟罪上覺悟即赦其家屬弘護貺喪及妻子還
鄉里由是顯名累遷尚書令弘前後所陳有裨益
王政者皆著之南宫以爲故事出爲平原相徵拜
侍中遷大司農元和初爲太尉時舉第五倫爲司
空班次在下每正朔朝弘曲躬而自卑帝問知其
故遂聽置雲母屏風分隔其間奏尚書張林阿附

實憲而素行贓穢憲奏弘大臣漏泄省事帝詰讓弘收上印綬弘自詣廷尉詔赦出之乞骸骨未許病篤上書陳謝并言憲短帝省章遣醫占弘病臨歿悉還賜物命妻子褐巾布衣素棺殯殮以還鄉里

丁覽字孝連脩身立行用意不苟更推財從弟以義讓稱補郡功曹守始平長門無雜賓孫權深重之未及擢用會病卒

丁固字子賤覽之子在孫休闞澤見而異之曰此

兄後必至公輔固少孤家貧事母能色養致敬族
射孤弱與同寒溫後歷顯位遷司徒時孫皓悖虐
固與陸凱孟宗同心憂國年七十六卒

朱育少好奇文造作異字千名以上仕郡門下書
佐與大守濮陽興問對行于世育後仕朝常在臺
閣爲東觀令遙拜清河太守加位侍中推刺占射
文藝優絕

謝承字偉平洽聞强記一覽不忘以女兄爲孫權
妻仕吳官至武陵太守撰後漢書百餘卷子崇最

業揚威將軍最吳郡太守並知名

晉孔汪字德澤湖南侯愉之子也好學有志行孝武帝時位至侍中時茹千秋以佞媚見倖于會稽王導汪屢言于帝帝不納遂求出爲廣州刺史政績甚著爲嶺表所稱

賀循字彥先邵之子邵以忠諫忤孫皓被誅循生而童齔不羣言行舉動必以禮歷武康令政教人行郡城宗之陸機薦補太子舍人陳敏之亂詐詔書以循爲丹陽內史不屈元帝爲晉王以循爲軍

諮祭酒固讓不受轉太常領太子太傅廷尉張闓將奪左右近宅以廣其居作都門早閉夜開民患焉因詣循質之闓聞遽詣循謝而毀其門其爲人敬服如此時朝廷初建動有疑議宗廟制度皆循所定朝野諮詢爲當世儒宗卒贈司空謚穆

孔坦字君平愉從子也少方直有雅望咸和初爲尚書左丞會蘇峻反陷臺城挾天子幸石頭坦奔陶侃論賊勢皆如所籌後遷侍中時成帝每幸王導府拜導妻曹氏有同家人坦每切諫及帝加元

服尤委政王導坦從容具諫不可由是忤導以疾去職疾篤庾冰省之流涕坦慨然曰大丈夫將終不問安國寧家之術乃作兒女子態耶冰深謝焉

孔羣字敬林志尚不羈蘇峻入石頭時匡術有寵于峻羣與從兄愉同行于橫塘遇之愉止與語而羣初不視術術怒欲刃之愉下車營救獲免峻平王導保存術嘗因衆坐令術勸羣酒以釋橫塘之憾羣答曰羣非孔子阨同匡人雖陽和布氣鷹化爲鳩至于識者猶憎其目導有慚色

孔奕即愉之族父也爲全椒令明察過人縣有遺其酒者始提入門奕遥呵之曰人餉吾兩罌酒其一何故非也檢視一罌果是水或問奕何以知之奕曰酒重水輕提酒者手有輕重故耳在官有惠化及卒市人若喪親焉

孔嚴字彭祖少仕州郡歷司徒掾尚書殿中郎時朝廷崇樹殷浩以抗擬桓溫溫深不平浩亦引接荒人謀立功于外嚴言于浩曰當今時事艱難處任者所至不同所見不無異適來天下人情[illegible]

心顏深思廉藺屈伸之道平勃相和之義又覬頊門降附之徒貪而無親難以義感浩深納之哀帝時以嚴領尚書多所裨益拜吳興太守善于牧下甚得人和又甄賞才能之士論者美焉

孔安國以儒素顯武帝時甚蒙禮遇仕歷侍中太常再爲會稽內史領軍將軍及帝崩安國服衰經涕泗竟日安帝隆安中詔曰安國貞慎清正外內播譽可以本官領東海王師後歷尚書左右僕射

孔沉字德度有美名何充薦沉于王導同文思通

斂宜登宰門辟丞相司徒掾瑯琊王文學並不就從兄坦以裘遺之辭不受坦曰晏平仲儉祀其先人豚肩不掩豆猶狐裘數十年卿復何辭于是而服之是時沉與魏顗虞球虞存謝奉並爲四族之雋沉子歆位至吳興太守廷尉歆子琳之以草書擅名又爲吳興太守侍中

謝沉字行思博學多識綜練經史何充引爲參軍以母老去職不交人事耕耘之暇研精墳籍康帝卽位朝議疑七廟迭毀徵爲太學博士以質疑滯每

充庾冰共稱歎之遷著作郎沉著毛詩漢書外傳及詩賦文論其學在虞庾之右

謝奉字弘道歷安南將軍廣州刺史吏部尚書後免官東還道遇謝安停三日共語安欲慰其失官奉輒引以他端雖信宿竟不言及安謂同舟曰謝奉固是奇士

王徽之字子猷羲之第三子性卓犖不羈爲桓溫參軍又爲桓冲騎兵參軍嘗夜雪初霽月色清朗四望皓然獨酌酒詠左思招隱詩忽憶戴逵逵時

在剡夜乘小舟訪之經宿方至造門不前而返人問其故徽之曰本乘興而行興盡而返何必見安道耶嘗寄居空宅中使令種竹或問其故徽之曰何可一日無此君耶後爲黄門侍郎棄官東歸

王獻之字子敬少有盛名高邁不羈嘗與兄徽之操之俱詣謝安二兄多言俗事獻之寒溫而已既出客問安王氏兄弟優劣安曰小者佳客問其故安曰吉人辭寡以其少言故知之風流爲一時之冠工草隸善丹青七八歲時學書羲之從後密掣

其筆不得數曰此兒後當有大名太元中新起太極殿安欲使獻之題牓而微試之獻之正色而拒安遂不之逼嘗從山陰道上行語人曰山川自相映發使人應接不暇若秋冬之際尤難爲懷仕至中書令謚曰憲

宋齊梁孔靖字季恭宋武帝東征孫恩過靖宅靖方晝卧有神人謂曰起天子在門靖遽出適見帝延入禮接甚厚累遷吳興太守加冠軍遷尚書左僕射固讓及帝北伐以靖爲太尉軍諮祭酒從平關

洛拜侍中特進光祿大夫辭而東歸及受命加開府儀同三司固讓不受子靈運位著作郎靈運子琇之俱有盛譽

孔琳之字彥琳強正有志力桓元爲太尉以爲西閣祭酒元議欲廢錢用穀帛又議復肉刑琳之每論變通之道以爲不可議遂寢元好人附悅而琳之不能順旨以是不見知宋永初中爲御史中丞奏劾尚書令徐羨之虧違典憲時羨之領揚州刺史琳之弟璩之爲其從事以羨之意語琳之求寬

馬琳之不許曰我綱紀宰相政當罪止一身汝必不應從坐自是百寮震肅莫敢犯禁武帝甚嘉之行經蘭臺親臨幸焉

孔覬字思遠琳之從孫少骨鯁有風力口吃好讀書早知名歷位中書黃門侍郎仕宋爲江夏內史寮類閒多所陵忽尤不能曲意權幸居常貧罄未嘗關懷性好酒雖醉日居多而明曉政事判決無所壅衆云孔公一月二十九日醉勝世人二十九日醒也覬在都下弟道存遣吏載米五百斛餉覬

竟鄉之吏乃載米而去其清介類此

孔逷字世遠好典故學與王儉交升明中爲齊臺尚書儀曹郎凡儀禮多見信納上謂王儉曰逷眞所謂儀曹不忝厥職儉爲宰相逷常謀議幃帳儉從容啓上曰臣有孔逷猶陛下之有臣永平中爲太子家令卒

孔琇之有吏能仕爲尚書右丞廷尉卿出爲臨海太守在任清約稱武帝知之琇歎息焉隆昌元年遷琇之爲晉熙王冠軍長史行郢州事欲令殺晉

熙王琇之辭不許遂不食而死子臻臻子幼孫紉孫子奐奐仕至晉陵太守清白不可欺郡中號曰神君

南北朝 王韶之字休泰家貧好學嘗三日絶糧而執卷不輟爲文善敘事除著作佐郎宋武帝以其博學有文辭累遷吳郡太守私撰晉安帝春秋敘王珣貨殖王廞作亂珣子弘領揚州刺史韶之在郡嘗慮爲弘所繩夙夜勤勵文帝稱爲良守有孝傳三卷及文集行于世

孔稚珪字德璋少而多學時周顒隱鍾山已而復仕稚珪作北山移文以譏之詞甚婉麗齊高帝時爲驃騎召爲記室叅軍與江淹對掌辭筆歷御史中丞建武初爲南郡太守以魏連歲南伐百姓死傷乃上書陳通和之策稚珪風韻清疎好吟咏不樂世務時憑几獨酌門庭之內草萊不剪中有蛙鳴或問之稚珪曰我以此當兩部鼓吹王晏嘗鳴鼓吹候之聞羣蛙鳴曰此殊聒人耳稚珪曰我聽鼓吹殆不及此晏有媿色

孔休源字慶緒晉尚書冲之八世孫州舉秀才徐孝嗣省其策深善之謂同坐曰董仲舒華令思何以尚此可謂後生之準的也觀此足稱王佐之才休源初到都范雲一與相遇深加褒賞曰不期忽覩清顏頓祛鄙吝尚書令沈約當路顯貴軒冠盈沓休源或時後至必虛襟引接處之坐右商畧文藝其爲通人所推如此武帝嘗問吏部尚書徐勉求有學藝解朝儀者勉以休源對即日除尚書儀曹郎時多所改作每逮訪前事休源即以所記誦

隨機斷決無疑滯任昉嘗謂之孔獨誦遷御史中丞正色無所廻避百僚憚之後歷秘書監再爲晉安王長史累依名藩甚得美譽昭明太子薨有敕夜召休源謀議立晉安王綱爲皇太子及卒帝流涕顧謂謝舉曰休源居職清忠方欲共康政道奄至殞歿朕甚痛之舉曰此人清介強直亦爲陛下惜謚曰貞子

賀瑒字德璉晉司空循之元孫也世以儒術顯名瑒少聰敏會稽丞劉瓛見而器之嘗與俱造吳郡

張融指瑒謂曰此生將來爲儒者宗矣天監中爲
太常丞召見說禮稱旨詔朔望預華林講四年開
五經館以瑒爲博士别詔爲皇太子定禮撰五經
義時武帝方創定禮樂瑒所建議多見施行所著
禮易老莊講疏朝廷博士議數百篇賓禮儀注一
百四十五卷瑒于禮尤精館中生徒常數百人弟
子明經對策至數十人二子革季與兄子琛並傳
瑒業

賀琛字國寶幼孤伯父瑒異之後家貧乏粟養母

躬執舟檝而習業不廢尤精三禮初瑒聚徒教授四方受業者三千人瑒亡而散至是復集琛築室郛郭之際傳禮學究其精微彭城劉瓛聞琛名命駕相造會琛正講學徒侶滿筵聞上佐來莫不傾動琛說經無輟曾不降意瓛欣然就席問難從容歎曰通才碩學復見賀生因薦爲郡功曹琛辭以母老不就年四十餘始應辟後領尚書左丞參禮儀事凡郊廟諸儀多所創定每見帝語常移晷刻故省中語曰上殿不下有賀雅琛容止閑雅故云

所撰三禮講疏五經疏義及新謚法諸儀注凡百餘篇

孔子袪少孤好學耕耘樵採常懷書自隨明古文尚書爲國子助教遷西省學士助賀琛撰録累遷中書通事舍人武帝撰五經講疏及孔子正言子袪常考閱羣書以爲義證又自撰註尚書及尚書義加散騎侍郎卒于官

孔僉通五經尤明三禮孝經論語生徒數百人三爲五經博士値太清之亂卒于家子淑元亦以文

學著官至太學博士兄子元素善三禮亦有盛名

孔逭有才藻作東都賦才士稱之陳郡謝瀹年少時遊會稽還父莊問入東何見見逭否其見重于名流如此著三吳次錄本傳終于衛軍武陵王東曹掾

孔子雲師事吳興沈峻峻始爲國子助教吏部郎陸倕言于僕射徐勉以爲周官一書羣經源本學絕不傳已歷年世惟峻獨精宜即用其人使專此學勉于是奏峻兼五經博士于館講授子雲守其

峻業官亦至五經博士焉

賀德仁與兄德基師事周弘正皆以文辭稱時人爲之語曰學行可師賀德基文質彬彬賀德仁兄弟八人時比漢荀氏太守王仁改其所居里爲高陽云武德中除中書舍人徙洗馬爲東宮學士貞觀初遷趙王友有集二十卷藏于四庫見藝文志

孔紹安蚤知名勵志于學陳亡外兄虞世南謂紹安曰本朝淪覆吾分湮滅有弟若此知不亡矣紹安與孫萬壽皆以文辭稱時謂之孫孔子禎歷監

察御史門無賓謁時稱其介蘋子季謝擢制科授秘書郎陳子昂稱其神清韻遠可比衞玠從子若思封梁郡公

孔至字唯微梁郡公若思之子也歷著作郎明氏族學與韋述蕭穎士栁冲齊名撰百家類例以張說等爲近世新族剟去之說子埱方有寵怒曰天下族姓何與若事而妄紛紛耶初書成以示韋述述謂可傳及聞埱語或欲增損之述曰止大丈夫奮筆成一家書奈何因人動搖有死不得時[illegible]

上沖皆撰類例而至書稱上

孔敏行字至之元和初擢進士歷官諫議大夫時李絳遇事害本監軍楊叔元朝議莫敢顯攻之者獨敏行上書極論其罪風力勁然未及大用早卒贈工部尙書

嚴維字正文爲秘書郎大曆中與鄭槩裴冕徐嶷王綱等宴其園宅聯句賦詩世傳浙東唱和繼有詩一卷藏秘府

吳融字子華祖蓊有重名大中時觀察府召署以

史不應高其節言諸朝賜號文簡先生融學益自力富辭調龍紀初及進士第韋昭度討蜀表掌書記累遷御史歷翰林學士中書舍人昭宗返正御南闕羣臣稱賀融最先至于時左右歡駭帝有指授融十許藁融跪作詔援筆而成語當意詳帝咨賞良厚進戶部侍郎有詩四卷行于世

五代

吳程父蛻唐大順中進士累官右拾遺程起家校書郎吳越王錢鏐以女妻之承制授金部郎中提舉諸司公事文穆王時奏授職方郎中知睦州尋

下闕

山陰縣志卷第二十七

人物志五　列傳二

宋杜衍字世昌幼孤及長舉進士累遷吏部侍郎樞密使范仲淹嘗出衍門下將爲參知政事數爭事上前衍無慍色仲淹益敬服之及衍爲相革弊事以修綱紀尤抑絶僥倖凡內降恩澤者一切不與每積至十數必面納之仁宗語歐陽脩曰外人知杜衍封還內降耶凡有求於朕每以衍不可告之而止者尤多於所封還也由是僥倖寖不悅衍善

決大事初邊將議欲大舉以擊夏人韓琦亦以爲可衍固爭之後兵果不得出契丹與夏人爭銀甕族大戰黃河外鴈門諸處皆警范仲淹使河東欲以兵從衍以爲契丹必不來兵不可妄出後契丹果如衍所料及仁宗欲罷范仲淹富弼二人宣撫衍執不可遂疑其朋黨以尚書左丞出知兗州衍爲相凡百二十日而罷去明年以太子少師致仕累遷太子太師封祁國公卒年八十諡正獻

齊唐字祖之唐觀察使滸之後少貧苦學得書輒

手錄之過誦不忘郡從事魏庭堅聞士也謂唐曰今士多不讀書唐曰幸公任意以几上書令唐一誦之如何庭堅以一帙開示乃文選頭陀寺記而唐誦不遺一字庭堅大驚服登天聖八年進士第嘗進龍韜豹畧賦士大夫覽者皆震讋兩應制科對策皆第一當路忌其切直復排去之後爲南雄州僉判會交趾進麒麟唐據史傳非之斥蠻人紿中國衆服其博物以職方員外郎致仕初鑑湖東北有山巋然與禹廟相望最爲山水奇絶處唐命

其山曰少微而卜築焉所著有學苑精英少微集
各三十卷
錢彥遠字子高舉進士知潤州以地震勸帝順天
修德且言契丹據山後諸鎮趙元昊盜靈武銀夏
湖廣蠻獠劫掠生民惟陛下念此三方之急講求
長久之計以答天戒時旱蝗民乏食即發長平倉
以賑之部使者不能阻召爲右司諫知諫院會諸
路大水彥遠奏陰氣過盛在五行傳下有謀上之
象未幾果有挾刃入禁門者特賜五品服

齊廓字公闢舉進士授梧州推官累遷太常博士知審刑詳議官出知通泰州提刑湖路刑獄潭州鞫繫囚七人爲强盜當論死廓訊得其狀付州使刻正乃悉免死平陽縣自馬氏時稅民丁錢歲輸銀二萬八千兩民生子至壯不敢束髮廓奏蠲除之初兼按察司時奉使者競爲苛刻邀聲名獨廓奉法如平時積官光祿卿直秘閣以疾分司南京改秘書監卒

錢勰字穆父以蔭補官神宗嘗召對將任以清要

官王安石使弟安禮來見許用爲御史緫謝曰家貧母老不能萬里行安石知不附已命以他職知開封老吏畏其敏欲因以事導人訴牒至七百緫隨即剖決乃驚咤去宗室貴戚爲之斂手召拜戶部侍郎進尚書加龍圖閣大學士因忤章惇惇極意排詆罷知池州卒

陸佃字農師受經於王安石安石當國首問新政佃曰法非不善但推行不能如初意故反病民耳擢甲科授蔡州推官初置五路學官選爲鄆州教

授召補國子監直講王雱用事好進者至崇以師禮佃待之如平日以是在太學七年不徙官脩定說文得入見神宗方議大裘佃考禮以對帝悅用爲詳定郊廟禮文官加集賢校理崇政殿說書進講周官帝稱善擢中書舍人給事中哲宗立去安石之黨士多諱變所從會安石卒佃率諸生哭而祭之識者嘉其無偏意及預修神宗實錄數與史官范祖禹黃庭堅爭辯大要不肯詆安石庭堅曰如公言蓋佞史也佃曰盡如君意豈非謗書乎徽

宗即位復爲吏部侍郎上正始疏遷吏部尚書庠尚書右丞進左丞佃執政持論多近恕每欲參用元祐人材尤惡奔競嘗曰天下多事則須不次用人苟安寧無事但當以資歷序進少緩之則士知自重矣著書二百餘卷埤雅禮象諸書傳於世

唐翊字浙師其先上蔡人五世祖始遷山陰曾祖而下俱以儒術顯翊生甫七齡日誦千言十三能屬文鄉老以奇童目之元豐中進太學較藝居諸生上聲稱籍籍元祐間人士競工詞章翊堅守經

術卒以兩經中第王宿州蘄縣簿吏以其初筮仕之翊稍露芒鍔吏竟畏服不敢欺知靈壽時歲大旱翊開河渠溉田數千頃旁渠之田不雨而稔常平吏盜倉粟翊發其姦以能例得遷秩乃嘆曰置人於重辟而已受賞可乎乃改從自首律後屢典州郡曹所至皆有事功可紀錄同時陸佃等咸推服焉

姚勔字輝中舉進士歷永康令祖父母猶在父母每以榮其親爲言遇郊封父母父母請回官封及

勔祖父母詔從之元祐中召爲左正言奏御史中
丞趙君錫雷同俯仰無所建明累遷至寶文閣待
制國子祭酒知明州紹聖初言者論其阿附呂大
防范純仁謫知信州再貶水部員外郎分司南京
卒勔以孝行著鄉省先墓素衣步出城門且行且
霣涕至墓尤哀惻見者爲之感動
陳過庭字賓王嘗使遼還時傳遼主苦風痺又箭
損一目過庭正其妄且勸帝飭邊備累遷御史中
丞兼侍讀睦寇竊發過庭言致寇者蔡京養寇

王黼竄二人則寇自平又論朱勔父子本刑餘小人交結權近竊取名器罪惡盈積宜昭正典刑以謝天下由是坐吉安置黃州及欽宗立以兵部侍郎召在道除中丞過庭論近日爵命不由勳績及辨宣仁后誣謗又劾姚古之罪擢右丞中書侍郎時遣大臣使金耿南仲聶昌固辭過庭曰主憂臣辱願效死帝因遣南仲昌及城陷過庭亦行因留不還四年六月薨於金明年贈開府儀同三司謚曰忠肅

傅墨卿字國華以大父恩補太廟齋郎宣和中以禮部尚書持節冊立高麗王楷有功還賜同進士出身建炎中以正奉大夫致仕墨卿凡三使高麗所過郡縣輒與守令道上德意以寬宥爲務罪囚及當死者多得減釋官吏有責罰編置亦貸除之高麗至今有廟祠初墨卿尉江都往來山陽深爲節孝處士徐積所知人間積所爲知墨卿者積曰方欽聖升遐楚之官吏寓客皆集服臨郡廷下生傅尉容稱其服吾以是賢之

傅崧卿字子駿墨卿從父弟省試第一擢甲科累遷考功員外郎時方士林靈素得幸造符書自三公輔臣以下皆從靈素師授崧卿與曾幾獨不行被譖出爲鄂州蒲圻縣丞高宗召爲中書門下省檢正諸房公事詔問建都孰便崧卿以建康建國宜定基本以濟中興爲對金人渡江上自越將幸四明崧卿殿後乘障盡死力以崧卿爲浙東及衢信州防遏使明年知越州上自永嘉還越供億用度崧卿乞悉從蠲減雖中旨有不便輙執奏賜可

乃巳後金師復大舉入寇高宗將親撫六師崧卿入對言留都管籥旁郡輔翼當及鑾輿未發亟圖之庶無後慮上稱善進給事中尋罷歸自國家多事嘗慷慨欲以功名自見與客言及國事輒憤詫或至流涕覽鏡見齒髮衰落歎曰吾遂無以報國家而死乎在上前論議尤感激未及大用而卒時人惜之所著有樵風溪堂集六十卷西掖制誥三卷其夏小正傳最行于世

虞閎字進道少爲學刻苦夜未嘗臥舉進士屢[illegible]

祠官員外郎乾道間兩浙饑詔爲浙東檢察賑濟州縣抑配豪右時民家多閉糴閱奏儲粟之家宜勿限以價勿計以數則趨利之徒將傾囷競售不待低昂而價自平民饑不相保小兒遺棄衢路宋法三歲以下乃許異姓收育閱請雖及十歲權聽民鞠養以爲已子孝宗皆可之於是全活甚衆嘗以左氏春秋倣遷固史例以周爲紀列國爲傳又爲表志贊合五十一卷號左史傳行於世祀鄉賢

陸游字務觀左丞佃之孫少穎悟問學該貫喜爲

詩歌工文辭淹練先朝典故聲名振耀當世張孝祥以詞翰自擅獨見游輒傾下之以蔭補官高宗聞其名欲召用之游以語觸秦檜故抑不進紹興末始召對褒諭再三命賜進士出身孝宗即位遷樞密院編修時和議將成游以書白二府抗陳不便又代樞臣張燾言龍大淵曾覿招權植黨熒惑聖聽上詰知游所代草怒出爲通判後爲建康王炎幹辦公事陳進取之策又知蜀帥吳挺將叛請以吳玠子拱代之以絕亂階炎不從後挺果叛人

服其先識范成大帥蜀游爲叅議官以文字交不拘禮法人議其頹放因自號放翁預修光孝兩朝實錄成陞寶謨閣待制致仕卒年八十有五所著有劒南詩集二十卷續稿六十七卷渭南集四十二卷及會稽志行于世

梁仲敏字元功紹興初爲太府丞以周葵薦召對擢監察御史拜右諫議大夫仲敏居諫職久所論抗直無隱上或未悟必反覆開陳冀其聽納方此金人入寇大將有潛遯者仲敏力請誅之大將坐

遠斥軍聲遂振晚罷官居家尤篤風誼既卒邦人咸思慕之

王佐字宣子十八補太學生二十有一以南省高選奏廷對爲第一授僉書平江軍節度判官未赴召爲秘書省校書郎秦檜專政其子熺提舉秘書省館中或趨附之以爲捷徑佐獨簡默嚴重未嘗妄交一語嘗語同舍謂不宜自屈熺聞不能平嗾言者論去之及檜死熺斥尋復起用檜妻王氏陳乞舊所得恩數之未用者自稱冲眞先生佐駁之

曰妾婦安得此稱向者誤恩有司不能執爲失譴
令當追正併欲奪其僭階執政不能聽但寢其請
而已後王氏死卒奪先生號淳熙中知建康府有
妖人挾左道與軍士不逞謀不軌佐得其陰謀
一日坐帳中決事命捕爲首者至前詰數語責短
狀判斬字而流其徒於嶺外僚屬方候見於客次
無一人知者見佐擲筆乃異之而妖人已誅矣佐
方閱案牘治他事延見賓僚乃退無少異於常日
後徙知潭州宜章民陳峒竊發甚猖獗佐檄流人

馮湛權湖南路兵馬鈐轄統制軍馬即月授以節
制征之具奏論賊勢上是其策親督戰斬賊寇誅
獲無遺詔以佐忠勞備著超拜顯謨閣待制歷工
戶二部尚書淳熙十一年春祠卒贈銀青光祿大
夫弟袞別有傳　初父俊彥字德求紹興五年進
士任鎮江教授無子一日見美婦供囚飯叩其由
則以冤告俊彥辯而脫之夫感德欲以妻請爲妾
俊彥避居他處夜起寫云不雜人間種恐遭天上
殃遣之未幾妻孕生佐御試取佐第一叔俊義字

爲監察御史劾奏殿中侍御史合麻及其弟雪雪

罪惡直聲震朝廷中外皆推重之官至浙東廉訪

使

王裕字好問早歲融通經史既長以文辭鳴順帝

時科舉法復行裕領浙江鄉薦再試禮部中乙榜

屢授校官既謝事歸以五經教授于鄉門徒常百

餘人工於詩文有集若干卷

明高復亨字本中時遊燕京從太史金華王餘慶學

及遊學士歐陽元諸名公之門洪武中詔爲總戎

掌書記改知河間獻縣招集流亡百姓咸歌思之坐累謫鍾離未幾詔起官復知諸城諸城故密地密人廢學久復亨至始樹學延儒敎化大行尋以事免歸

王儼字若思通毛詩三禮洪武初以明經薦除本府儒學敎授性方重律身至嚴動有典則諸生知所型範爲當世儒宗

唐肅字處敬工古文詞其詩風格近漢魏歩驟唐府稱當世大家爲皇岡書院山長轉嘉興學正

武三年用近臣薦〻京師纂修禮學尋擢應奉
翰林文字承事郎同知制誥兼國史院編脩官肅
以文詞擅名於朝日侍帷幄備顧問其奏對皆稱
旨眷注隆重一日侍食上前上食未已而肅先罷
因秉匙筯以俟上既輟膳顧謂肅曰秉匙而待此
何禮也肅倉遽頓首謝曰此田野所行禮耳上
怒曰野人之禮亦行之君前乎因放肅於濠廢爲
民而卒所著有丹崖集行於世子之淳
唐之淳字愚士潛心著述同時蔡庸毛鉉鎦績俱

有詩名而之淳爲稱首朋徒敘論以禮樂道藝相詰難汲引後進多有成立以大儒方孝孺薦授翰林侍講嘗集古今治亂爲書將獻之朝不果而卒所著有彀齋萍居二集及文斷十卷

錢宰字伯均一字子予吳越王鏐之後幼好學淹貫墳典弱冠以文詞名至正間中甲科明年當會試以親老不行教授于鄉國初被薦徵詣京師與諸儒從事預脩禮樂諸書尋以病歸洪武六年以國子助教務以禮度繩諸生數上疏乞休洪武二

十七年再召校書翰林是時老成凋謝寧與學士

劉三吾特承眷倚每進見必賜坐侍食年幾耄疏

乞骸骨再三乃允仍遣行人護之歸子尚絅歷官

都門令學與政並有聞祀鄉賢

周觀政字我觀洪武中以薦敎授九江擢爲監察

御史嘗監奉天門有中使將女樂入觀政止之中

使曰有命觀政曰有命亦不可中使怒而入頃之

出報曰可觀政亦不從曰必面奉詔已而上出謂

觀政曰內間慶賀侑食之樂㢘缺欲令內人肄習

吾巳悔之御史言是永樂初陞江西按察司僉事建言九事曰遵定制厚親親嚴邊備覈邊情謹刑獄通下情慎朝儀惜人才明毀譽皆見嘉納時安南初下觀政又言四事曰修明政教慎簡征科革正衣冠作新學校疏入成祖即賜施行官至觀察使卒祀鄉賢

劉子華字昭甫洪武初以明經薦太祖御奉天門召賦常遇春挽詩子華立賦曰揮戈十載定河山忽報星沉易水灣馬首西風旌旆捲天涯落日[illegible]

歌還功成楚漢興亡際名在韓彭伯仲間聖主感
功心獨苦黃金直欲鑄眞顏大稱旨授大典同知
改青州推官子鍔廷對三人授編脩太祖覽策曰
有用之才也從孫棟嘉靖初議大禮有傳
趙俶字本初宋宗室之後也母方娠時夢異僧抱
兒畀而承之已而生俶强記過人八歲誦詩文指
物輒賦稍長博涉經史子集爲文章有法作者
之風其賦尤擅美于時部使者河中何約按部至
越俶時爲諸生廷見之從容問諸史俶能詳其上

下三千年君臣行事下至外國山川形勝如其身所履者納奇其博洽因歎曰窮年讀史不如聽趙生談也尋登進士上第時方右武儒者絀不用俶遂隱居明興徵拜國子助教是時典成均者皆極殊選而俶與蘇伯衡爲冠弁云

白範字以中學行爲世所推重膺薦典教勳戚家動有典刑諸子弟遵其教習服清素革紈袴淫靡之習擢青州府同知政以寬簡而治卒于官有詩文傳於世

毛鉉字鼎臣賦性方直生平無妄交風度高曠視榮利邈如也善詩歌備漢魏以下諸體爲文高簡有古法洪武中以薦授國子學錄弟銳亦以文學著名

胡粹中生而警敏傳洽治毛詩尤長于春秋三傳洪武初聘爲儒學訓導歷官楚府左長史佐楚凡二十年善輔導上下皆格心所著有讀史筆記元史評與復齋稿若干卷

王誼字内敬幼即强問學事親以孝稱既而從遊

遼陽守帥賓而禮之教諸生有成法未幾朝臣論薦授翰林待詔尋罷歸閉門著述學者咸問業焉子佑爲工部侍郎封如子官弟懌字内悦溧水知縣亦工於詩清麗纖巧不能如誼之渾厚雄壯惟有盛朝人風故多可傳者

劉眞字天錫以詩領鄉薦主教星子望江以古道廸諸生一時多所樹立擢司經局校書尋左遷久之召爲考功主事律身嚴愼人莫敢干以私洪熙初詔選文學老成輔親藩之國眞拜淮府長史未

幾致政還嘗有偷兒盜其隣誤入眞第揭物以出已乃知爲眞物乘夜歸之其德感人類如此
吕升字升章洪武庚午領鄉試典教溧陽當路者薦之于朝擢江西僉事振肅風紀吏民畏而化之
歲饑所至禱雨輒應永樂戊子陞山西境多虎患升爲檄告神虎即就捕丙申改福建建寧有螟傷
稼升向天祝之俄而雷雨大作螟盡死戊戌辛丑再
同考禮部會試丙午陞大理寺左少卿壬子致仕
年九十二而卒子公愿國子學正孫詵南平知縣

俱由科目君子稱其家學有自云

山陰縣志卷第二十八

人物志六　列傳三

明

錢遜字謙伯性至孝母病侍湯藥久不怠及卒廬墓終喪洪武中膺薦授寧夏水利提舉吏目修河防實邊餉既還大將軍都督何福奏遜參侍元戎贊理有大功爲一方保障會陝西按察副使宋理上言遜功不可忘當序進以旌其賢遂授孟津知縣盡心民事丁內艱服闋改知弋陽坐累謫戍交南復以薦對策稱旨授文昌主簿文昌居海島

習俗悍戾遜宣布德意民漸懷服化行嶺海間百姓咸樂其生遜狀貌魁梧言行詳慎始終一節雖歷變卒能以功名終素工詩有遜齋集二十卷

朱文淵字叔龍秘書省正字朱萬齋孫洪武間以太學生詣闕陳時政忤旨謫戍雖歷顛沛而志行益堅宣德丙午大臣薦其直節宜錄用授滑縣儒學訓導講學行禮以身先多士化及齊民擢國子學錄尋致仕歸年已大耋猶手不釋卷郡大夫政有所疑輒造其廬問焉不敢以呵導先其爲隆禮

如此子恂宣亦世其春秋學以孝義聞

毛肇宗字克徽幼孤篤學居僧舍卒業三年不出戶永樂中登進士時方重藩臣選授周府教授王嘗遣肇宗入謝封拜既竣事出京上念其有輔導功追召還更賜酒饌勞之肇宗喜吟咏寄興高遠有耶溪集二十卷

吳中字孟庸以進士拜監察御史累有建明嘗總理三法司事詳讞諸道疑獄時成祖勤政務尤恤刑典躬錄囚公卿在前按簿閱實中黙唱囚名舉

成律無一詿誤上特記其名將大用之旣而奉勅往參大將軍戎事綜理邊務識敵情虛實山川險要其所經畫動中機宜以是每致克捷尋擢山西參政督軍餉勞瘁致疾卒中性喜吟咏雖在軍旅倥偬未嘗廢積千餘篇子駿從子駟皆承其家學宦業有聲

〔徐士宗〕永樂中以國子生知滕縣再令貴溪歲旱乍邑大水士宗奏蠲田租三之二又請以租折輸有民田之污者盡除其租有婦人訟其夫爲讐家

所害士宗鞫之無驗俄有蚱蜢飛集几案士宗祝
曰爾有冤當集讐人身已而果然囚始伏辜境内
稱爲神明擢廣信通判仍知貴溪縣事在縣幾二
十年陞授饒州府未任卒于貴溪民祠祀之後百
餘年貴溪人徐貞明來令山陰猶爲豎坊曰循良
世澤蓋貴人之見思如此而士宗孫綬授廣平府
通判軒以貢起家授永新諭皆有聲
王暹字景暘永樂戊戌登進士上第選爲庶吉士
儲養中秘授刑部主事進員外郎斷獄有能聲廷

臣薦其才可大用擢河南按察副使再調陝西以督餉著勞擢布政使專理糧儲事集而歲用充會丁内艱時以金華例不終喪上疏懇乞終制不許未幾召拜都察院右副都御史己巳之變京師戒嚴暹守正陽門圻外民聚城下丙入時各門已固守時勢叵測無敢任其責者暹獨奏開西直門納之活者萬計尋命安撫順天河間軍民及安插新舊達官經理曲盡機宜遂輯寧畿甸國家賴以無事又巡邏水陸清寇盗以利往來守護天壽山陵

相地形築立昌平等城堡統軍勦賊致克捷功更奏罷被掠郡縣歲課物料凡事之爲民患者未幾再奉命巡撫河南潼關等地方練軍伍修城壁賑貧窮通漕運其所經畫皆國家大計轉左副都御史尋進右都御史時河徙衝通汴城亟命有司募徒役築堤防以捍其勢河不爲患仍奏免被災郡縣芻粮二十餘萬且因災異自劾不職乞罷乃得致事而歸天順甲申詔進榮祿大夫階及卒訃聞賜祭葬如禮錄其子綖爲國子生暹剛毅斂達濤

峻耿介恬於進取而遇事敢爲所著有愼庵集縱
字文晃初典教郡縣後終楚府長史博學篤行有
雅度鄉稱長者所著有名宦鄉賢贊
秦初字性初以進士起家官翰林檢討中書舍人
遷禮部主事敦裕醇厚行誼如古人居太學時同
舍生以使命出妻死無主初爲之經紀喪甚周有
金安者除後山衛經歷當之任貧無以治裝初脫
所乘驢資遣之徒步出入後在史館皁人嘗失馬
以逸告人疑皁爲盜嘗窮治曰我未嘗寡恩人必

不肖我後馬果得于他所鄉人有不義者富于財以禮幣爲其母請銘初謗曰吾文不足以榮若母卒不許

朱純字惟純領鄉薦典教易州易士鄙悍不知學純至振育多方一時知所奮起士之成名者甚衆所司奏課吏部考上上冢宰郭進問曰易士久無可薦者今爾多得士予嘉乃績純對曰此前人造就已成純適收其成功耳進歎曰長者之言也拜刑科給事中奉命檢閱福建帑藏清弊袪蠹吏姦

無所容繼以餉軍政往遼陽按視營壘奏益軍士衣糧邊人至今德之官終廣西右參政子宗岳繼其業爲學官博學能詩所著有如夢集行于世

韓陽字伯陽永樂丁酉以春秋魁兩浙歷蘇松二郡司訓教士有成業譽望日起典江右試事所錄者皆名士後多至名公卿轉丹陽教諭用太常卿姚友直薦拜南京監察御史論奏不避權要常劾同官王復及內官袁誠不軌事卒寘于法楊文定公溥時爲宗伯推陽學行可師表一方乃歷授湖

廣江西提督學政課士嚴文體重學行士類自礪
陞按察副使手裁益厲景泰丙子監省試同官有
欲私其所親者陽毅然斥之慮囚多所平反以殊
績超擢廣東左布政使未幾得請致仕陽孝友天
至母病躬爲嘗糞然性剛方不能容人過所著有
思庵稿
張倬字士昭正統間由鄉舉分教崑山時年尚少
爲師儒益嚴禮範事之有裨風化者必毅然主行
之擢閩縣知縣縣當寇亂餘倬起頽葺廢政漸以

擧憂勤致疾卒于官邑民奠哭者相屬不絶偉自
少頴悟篤學爲文法秦漢詩備諸家體裁所著有
毅齋集二十卷筆錄十卷藏于家
司馬恂字恂如温國公十二世孫恂性醇篤自以
先賢後思砥厲以承遺休既力學尤敦尚行義在
鄉校出入動止皆有常度正統辛酉貢入太學祭
酒李時勉當世儒宗慎許可獨器重恂延教其子
第甲子中順天鄉試第一拜刑科給事中偕學士
倪謙使朝鮮朝鮮王素知恂名及見其威儀言論

特加尊禮臨行爲臚甚厚皆郤不受文辭至今傳
之及英宗復辟恂乃帥同官極論人臣懷二心者
慷慨引義擊權姦辭甚切至然特敦厚周慎權姦
欲中傷無可乘者未幾以殊選入爲春宮贊善侍
經筵多啟沃之助進少詹事兼國子祭酒敦禮範
衆修其科條諸生無敢自便尋謝事歸居宗黨恭
儉平約恂恂如也不愧其名稱云司馬氏自宋來
清白相承至恂歷顯仕服習如寒素家不增一壥
其文學政事爲一代名臣卒贈禮部侍郎遣官葬

祭如禮子垚刑部員外郎亦篤行能文章孫公紳

中書舍人

徐光大名暹以字行少有大志侍其父復賜宦兩京潛心儒業讀書務探其精蘊文行炳朗一時名士多與之遊以遺逸徵爲句容學官教罔不孚是歲學宫產靈芝嘉麥同根竹並蒂瓜及蓮其爲瑞應者甚繁明年與鄉薦者五人句容士風大振擢國子監丞律身正物益篤以勤而髦士悅服拜楚府左長史尋卒所著有久庵稿

唐彬字質夫景泰甲戌登進士拜監察御史時總兵官石亨擅權驕横廷臣無敢議之者彬抗章論劾其罪謫官平鄉及亨敗召還職持節按八閩嚴重清肅事必舉綱紀繼巡陝西其風裁亦如在閩癸未監會試試院火再謫知新喻未幾擢山東按察副使益貞憲度屬府倅以賄敗托權要求倖免彬卒實諸法以考績便道之家擢貴州左布政使未行卒

蕭昱字用光性至孝母喪明（昱）日以舌舐之復有

見以易詩三禮教授生徒學究本原說經邃密過
其指授者多成名俊天順壬午魁省試授貴溪知
縣見俗嚚澆號難治昱以簡易慈愛爲政民用不
擾未幾丁母憂民追賻皆弗受則相率持錢帛如
紹興即其廬奠焉補令高密初民困于征輸皆相
率亡去昱至停羨餘以蘇民瘠設舍具以招流亡
密地當沙河下淫漫流殺稼昱治塘浚溝取南人
水耕法教民濱河爲田立均徭九等例當道頒之
一省以爲定式公退親教授諸生朔望集耆艾於

庭率民孝弟卒于官民傾邑哭送至有及淮而返者㫖先在貴溪入名宦祠及終高密民復祠而祀之凡水旱疾疫必禱焉密人李中丞介謂㫖惠愛及民生而神明歿而考妣得王道遺意

宋士學字用之以貢入太學初授瑞州推官繼任河間廉介自持義却皂隸緡錢長貳咸義而從之遂寢其額河間獄訟繁劇士學剖決無寃滯有聲畿輔尋乞休致家居杜門翛然自適博古能文尤邃春秋學故子姓咸以春秋世其家

祁福字天錫素凝重簡默以貢典教龍溪待諸生以恩禮有貧窶者每捐俸賙之秩滿遷重慶教授甄陶振育士之有造者至三十餘人從弟仁子司員承家學皆以進士起家仁禮部主事司員監察御史後知嚴州府

陳定字定之由鄉舉分教袁州遷分宜教諭教士多成材嘗典修袁郡志得體裁以善志稱歷膺聘典名藩鄉試所得士皆有風望尤善課子三子皆以科第顯邦直西安同知邦榮邦弼相繼登進士

鄉人以爲義方之勸

薛綱字之綱以進士起家拜監察御史巡按陝西其所建明皆邊防大計奉勑督學南畿學政振舉有聲望擢湖廣副使督學如初歷廣東按察使雲南布政使皆善其職尋謝事歸綱簡直和坦不矯激而能持正爲文醇雅所著有三湘集崧陰蛙吹等篇

陳壯字直夫幼從父戍燕清苦力學嘗挑篝讀書慷慨有大節攷篤典禮以振起流俗庶幾古人之

風烈天順間成進士拜南京監察御史風采清峻諸所建明皆經濟大畧而尤以激揚爲任時官留都者莊公杲劉公大夏倪公岳羅公倫輩皆海内名流壯與定交日以行義相淬厲白沙先生獻章道學問望冠天下學士大夫得登接者輒自榮重壯獨爲先生所許可交至懽尋丁内艱服除改江西僉事以憲度督察官吏雖素所愛厚者無所假南安守張𣂏才華翰墨表著當世風流雋雅而頗不事事壯劾其醉酒狂書罷之未幾抗疏乞歸師

相李東陽重其去作詩贈之有莫與越人謀出處直夫先謝外臺歸之句歸十餘年當路屢論薦有詔起官福建辭弗允尋擢河南副使甫涖官卽懇疏乞休既得請杜門讀書益窮蘊奧絕請託事有不平者輒直言于所司或歸德焉辭不居典至擕賓朋歷湖山一觴一咏其懷抱蓋泊如也壯直道事人志未竟而退退而爲鄉之典刑者二十年屹然繫社稷之望豈所謂獨立不懼鄉先生沒而可祭於社者非與

司馬亜字通伯父軫由學官歷國子助教學術宦業有聲當時亜幼敏睿博極文典成化辛卯冠省試明年登進士以御史視學南畿考文序士如權衡之齊物無錙銖失其平者南畿人士至今稱其神鑒擢福建副使尋致政歸歸即闢園亭杜門謝事以詩酒相娛樂縱情丘壑視塵俗無可嬰者嘗榜其門曰獨呼明月長陪醉不負青天早放閑其襟度清灑大節磊磊葢達士云所著有蘭亭諸集行世

王鑑之字明仲以進士知元氏縣有治才擢監察御史督南畿學政學政修而士有造咸畏而愛之入爲大理丞轉都御史歷刑部侍郎進尚書時逆瑾擅權以威虐鉗士大夫爭卑詔以求自免六卿見者皆長跽鑑之獨與抗禮且責同列曰大臣而可屈體於宦豎乎瑾聞之不悅人或勸鑑之少屈終不從遂謝病歸詔進階一品賜玉帶鑑之平生清介自縣令歷官上卿僅能立門戶對家人語亦以國法相教戒有古大臣風

張以弘字裕夫性寛簡凝厚以進士起家拜禮科給事因直諫萬貴妃宫闈事廷杖出爲江西叅議尋致政歸家居恂恂無賢愚皆謂長者子景琦從子景明孫元冲相繼登進士景琦操行清直初官主事忤宦豎謫倅大名終桂林知府景明嘉靖初以輔導功詔起佐理會病卒贈太子太保禮部尚書文淵閣大學士謚恭僖子元冲簡厚有父風以給諫歷左副都御史廵撫江西不激不阿民頼以寧謚爲王守仁及門殁後從祀勲賢祠

倪舜字子華弘治癸丑進士以翰林爲庶吉士歷拜吏科給事中剛直敢言不畏彊禦大臣及諸貴倖稍有不法輒抗章論劾中外多尊憚之者嘗以事劾天官卿天官卿竟中傷之免官歸環堵蕭然杜門不出

倪瀚字惟容弱冠登進士拜刑部主事歷員外郎中風采才望爲時所推擢南昌知府郡附藩臬繁劇號難治瀚廉明有威獄有疑滯者無不立斷時逆濠勢漸熾戕民黷貨每有所干謁必嚴拒之郡

民賴以全濟王府有鶴帶牌者縱于街民家犬噬之濠牒府欲抵罪傾奪其貲瀚批牒曰鶴雖帶牌犬不識字禽獸相爭何預人事其制濠不能逞者類如此竟以中傷謝事歸時年尚壯杜門終其身未嘗入城干預外事

〔王淵〕字志黙天順中爲南京吏科給事中成化初嗣位時内臣用事勢張甚在朝無敢公言者淵與給事中王徽以氣節相尚率同官陳五事其一曰保全内臣宜遵舊制毋令預國政否則如王振曹

吉祥事敗雖欲全之無由也近有無耻大臣與之結交或屈膝叩頭或稱翁父因而鬻獄賣官擅作威福今後毋令内臣管軍管匠置立田產多蓄義子仍嚴交結之禁凡大小政事悉斷自宸衷惟與館閣大臣計議則朝政清明而宦豎亦享其福保全之道何以加此上嘉納之其年復立皇后王氏明正牛玉之罪免其死安置南京淵及樾等復以玉罪重罰輕數玉大罪四乞正典刑因詆斥執政奏入逮下獄科道交章論救命俱謫遠方州判淵

得茂州徽普安州二人直聲震中外而李文達名
爲少損歷遷順天治中歸老于家貞介温惠鄉人
稱爲長者姪宗積成化丁酉科舉人事親至孝任
襄强知縣廉明温厚有去思墮淚碑崇祀名宦從
父鏞清介素著弘治間會稽之令名憲聞其廉敏
薦委縣事大有政聲亦異數也淵見實錄崇祀鄉賢

祁司員字宗規天順時父福以貢歷重慶教授持
巳教人皆有法登成化進士初令唐山拜御史歷
知徽池二郡司員爲御史按治所及務以法懲奸

貪其在廣西條上邊策十數事切中肯綮其治一
縣兩大郡不以法而以恩爲民定禮制息囂訟節
冗緩征愛之如子卒于池民爲罷市立祠祀焉司
員性孝友親喪廬墓三年伯兄有孤子撫而教之
爲之納婦居不苟取田廬無所增拓所著有先憂
集仕優稿及奏議若干卷

何詔字廷綸弘治進士初任工曹忤逆瑾下獄得
白出守永州廉介自矢九年不調世廟在藩邸深
知之及嗣統一歲屢遷自藩臬撫眞定晉權南畿

工尚適董陵館役汰浮冗戢侵漁節省幾二十萬緡悉存公帑無所染秩滿告歸服官四十載仁以嫗民嚴以率屬儉以持己勤以應務立朝挺挺有古大臣風子鰲繼登進士任刑部尚書益祀鄉賢

張景明字廷光以弘從子也弘治中進士以經術選充興府長史事獻帝于藩邸忠慎不渝嘗敷陳六事帝悅命揭諸宮門世宗入嗣大統以輔導功召赴京將大用之會病卒贈太子太保禮部尚書文淵閣大學士諡恭僖錄其子元瀚元恕弟景[illegible]

亦以進士爲御史當武宗駕留宣大首率諸御史
疏請回鑾忤旨廷杖又劾江彬許泰冒封伯爵非
制人多其直後出知潮州府尋罷歸景明祀鄉賢
費愚字希明弘治中進士初爲廷評執法無所撓
時有邊將數人坐失機當刑賂權貴將釋之愚廷
奏其罪不當宥悉置諸法後出知成都廉靜不擾
而務以法繩奸頑竟忤當路謫戍尋放還平生甘
清苦饘石不儲妻子或凍餓不以爲意成都有門
人官于浙知其貧甚固請過省中宴款累日乃微

以交關事諷之愚正色曰爾乃視我爲何如人耶曰拂衣歸遂與絕交郡守延爲鄉大賓讀法請教愚曰公刑太苛歛太急守爲面赤其介直類如此子思義精於醫亦端慤有父風而卒無嗣人以爲天道無憑云　鄉賢祀

汪應軫字子宿登進士選庶吉士嘗武宗南巡同舒芬等抗疏以諫跪門廷杖幾死出守泗州泗民惰弗知農桑軫至首勸之耕出帑金買桑于湖而植之募桑婦若干人教之蠶事郵卒馳報武宗駕

且至他邑徬徨勾攝民皆塞戶逃匿軫獨凝然弗動或詢其故軫曰吾與士民素相信即駕果至費旦夕可貸而集今駕來未有期而倉卒措辦科派四出吏胥易爲奸儻費集而駕不果至則奈何他邑用執炬夫役以千計伺候彌月有凍餓而死者軫命縛炬榆柳間以一夫統十炬比駕夜歷境炬伍整飭及過他所時中使絡繹道路恣索無厭軫計中人陰懦可懾以威乃率壯士百人列舟次呼諾之聲震遠近中使錯愕不知所爲軫麾從人速

牽舟行頃刻百里遂出泗境武宗至南都諭令泗州進美人善歌吹者數十人蓋中使啣軫而以是難之也軫奏泗州婦女荒陋且近多流亡無以應勑旨臣向募桑婦若干人倘蒙納之宮中俾授蠶事實于王化有裨詔且停止肅宗登極召還給事中去泗之日父老送者無不泣丁在諫垣凡上三十餘疏悉關切體要其最大者如言新建伯王守仁心跡甚明不當以謗掩功沮將來忠義之氣刑部尚書林俊當納其言不當聽其去孝惠太后發

引不當由中門與其獻帝尊崇不當過禮並僞[illegible][illegible]中外所誦然竟拂當路意出爲江西僉事又以執法忤巡撫棄官歸已而臺省交薦復起督學江西其教條一本躬行士皆信嚮尋丁外艱歸遂絕意不復出矣家居孝友廉介瓶無宿儲親黨有貧難倡義周之凡鄉邦利病必盡言以告有司未嘗干以私晚歲陶情于酒人謂其外常醉而內常醒葢靖節之流與故其卒也鄉人倣靖節例私謚爲清獻先生　祀鄉賢

劉棟字元隆弘治戊午舉於鄉正德辛未成進士
選庶吉士授編修丁丑會試分考所録皆名士嘉
靖改元議大禮張璁首倡繼統之說以迎合上意
舉朝不可棟同諸詞林抗疏爭已伏闕大哭聲振
内廷世宗震怒盡收朝士詔獄摘首事以下成杖
有差棟與焉創甚死而復甦尋復原官坐春坊中
允因璁夙憾遂出湖廣叅政分守武昌人嫓儒臣
不諳吏事而棟所至剔弊除奸以績蹟稱久之遷
河南左轄某州守以忤兩臺故坐贓繫獄數年前

後避嫌不決棟得其情立出之在汴三年一意無貳靖自持擢南太僕寺卿解任時司積有羨鏹分毫無取轉太常卿尋擢南京兵部右侍郎復以引年致仕而卒賜祭葬後學使阮鶚檄祀郡鄉賢

蕭鳴鳳字子雝童時即奇潁占對賦詩出語驚人弘治甲子鄉試第一尋舉進士授御史屢疏劾總兵江彬中救胡副使世寧皆人所不敢言出巡山海諸關邊吏悚慴有傳武宗將行邊捕虎乃抗疏言不當賤民命而貴異物玩細娛而忘遠圖因及

總鎮以下遞相掊尅之狀先是權貴人多冒奪士卒首功前御史盡爲紀驗鳴鳳悉奏革之權貴人雖切齒顧無隙可乘尋乞歸省踰年起督學南畿至則飭科條絕請託其校士必以行檢爲高下不徒以文士亦凜凜不敢犯南中有陳泰山蕭北斗之謠陳謂先提學陳公選也遷河南按察副使仍董學政凡所措注一如南畿當軸者有所屬不得行喉言者劾其過嚴遂得調當軸者去位復督學廣東其秉公持正曾不以摧挫少沮然竟齟齬弗

達而鳴鳳亦倦遊矣遂歸家徒四壁不問生計華亭徐少師階其所拔士也視學過越造其廬鳴鳳已寢疾見之苐曰子升勉之華亭亦唯唯執弟子禮惟謹其能以師道自重如此歿後三十年武進薛應旂來視學獨表其墓亟爲薦鄉賢云所著有靜庵文錄詩錄敘錄杜詩註凡若干卷

諸大綬號南明嘉靖丙辰進士第一人是時臥龍山鳴歷官翰林終吏部右侍郎大綬狀貌修偉而豈弟和坦好推轂士類其立朝不激不隨有公輔

之望侍穆宗日講六年每進講剴切詳盡上注聽焉方屬意大用會上崩大綬亦病卒後數年贈禮部尚書謚文懿祀鄉賢

徐甫宰字允平童時嘗刲股療其母既長以產讓其兄議論慷慨常以奇節自負嘉靖癸卯舉于順天久之授武平令武平爲盜藪號難治多方拊循遠近畏懷諸寇亦傾心受約束賊有負險以叛者督撫將發兵征之甫宰單騎詣其巢曉以禍福賊羅拜泣下卽解甲降居武平六年復改程鄉其治

一如武平又用計平石窟俘徐加悌縛林朝曦諸
巨賊斬首千級以功超拜按察僉事備兵潮州潮
當山海間土賊島民相煽亂甫宰開誠釋從撫勦
互施潮境獲寧然竟以勞瘁嘔血歸卒于家武程
及潮並建祠凡十餘所水旱疾病有禱必應云
潘壯號梅峯嘉靖壬午舉人癸未登進士授南京
河南道監察御史上章建白耿耿不阿巡九庫革
常例之費巡下倉禁交通之弊政聲嘖嘖劄令綰
數道印綬循次總理剖決悉當薦楊邃庵王陽明

蕭子雎於朝皆一時大賢武臣王邦奇誣織侍講葉桂章上疏救之詞甚剴切丙戌秋奉命按治江右首去贓墨郡邑肅然正一眞人張彥頨請建府第朝命已下壯以工費浩繁奏言兵凶之後民力不敷諫章屢上終止之士民感佩構祠有像祀焉時經逆濠之變軍無見粮壯上疏爲權宜計以逆產給之上俞允四方歡聲動地丁亥春權貴有憚壯者追論李福達大獄事繫獄壯仰天嘆曰吾今不媿斯職矣朝論不平交章赴救始罷職歸里爲

人忠義孝友時人稱爲五備先生及世宗遺詔命將議大禮大獄建言得罪諸臣盡加卹典至隆慶三年六月贈太僕寺卿賜祭一壇入郡庠鄉賢祠

馬文正字隆南父華早歿文正年七歲每問母曰父以何病死曰因誤於醫耳遂泣不止事母備極孝養有微疾即不食必迎良醫至痊而後食承歡寡母四十餘年上壽終以明經爲粤和平令邑人素好鬭急則食斷腸草文正至則命民間以草根抵贖鍰民爭取之盡絕其種邑中遂無殲命之風

尋以瘴病卒于官士民感其恩德按院爲具題旌
獎祀于和平縣庠
茅宰字國卿嘉靖中進士知六合縣守潔政和爲
一時循吏之最遷南刑部主事未幾卒六合人祠
祀之宰資性頴敏而好學砥行卓然以遠大自期
乃竟限于年識者惜之　祀鄉賢
朱公節字允中嘉靖辛卯鄉薦初爲彭澤令終泰
州守爲人方嚴簡重而心事平坦幼孤事母甚孝
既入仕卽以父產悉畀其弟喪母時年已六十猶

哀毁踰制病越俗居喪宴賓非禮一切用齋素戒子孫世守之先後家居未常干謁有司間時即禮于廬墓歷典州縣自常俸外無妄取而一意爲民捍災興利有古循良之風在彭澤尤久邑人至今祠祀之所著有東武集祀鄉賢

俞子良字汝誠領順天鄉薦潛心聖學力敦古道平居無戲言戲動議論侃侃務砥礪名檢未嘗以一事干有司初教諭欒城欒俗不知有禮則諄諄以禮誨之未冠者爲之冠有婚喪者爲之品式使

遵行焉欒人感而化之雖婦女亦呼爲俞夫子云

遷肅寧令治邑事如其家甫踰年百廢具舉臺使

者待以殊等然竟以勞瘁而卒柩還之日蕭然敝

篋而已所著明學録通禮節要尊親録欒居司牧

二集並典切可訓

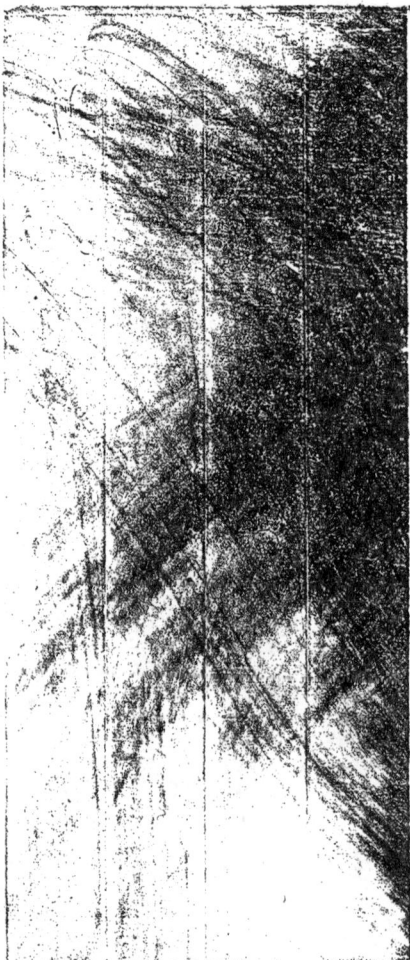

山陰縣志卷第二十九

人物志七

列傳四

明

趙魯字尚確宣德初領鄉薦歷任教諭秩滿不調恬靜自如正統十二年陞國子典籍日端坐觀書倦則鳴琴自娛祭酒陳敬宗謂人曰趙尚確仕不近利學不近名對之坐談簡淡有味令人興起今之黃叔度也敬宗寄魯詩云充棟羣書萬玉林縱觀窺見聖賢心毎隨松影移瑤席時對梅花奏綠琴

但學古人敦素履不同時俗論浮沉公餘最是怡
情處青鳥時時送好音久之遷典簿秩滿引年致
仕行李蕭然惟囊書數百卷而已
高閏字居正號易菴年十四補郡博士弟子員父
貴瑜遭誣枉合屬徙遼東廣寧瀕行有范夔者倉
卒詣檻車以舊貸白金八十兩來償瑜知其窘謝
曰某自揆是行無媿于心當有還時他日償未晚
也閏隨父戍惟誓爲學立身以贖父脫籍聞者壯
之時遼左尚未設學賴都御史李經文上疏請附

山東省試正統甲子中式明年成進士父母兄弟
皆南還由是遂左文學日盛循例附東省鄉試學
者建祠祀之初授大常博士出使朝鮮聞以文學
威儀洎天使館侯其君長郊迎乃出見能以議論
屈其國人比還御其餽贈惟採皇華集進奏後以
御金名其亭歷官刑部郎中時都御史李秉子瑗
宰邑坐贓竟按之如法略不爲大臣地武臣侯儀
被獄懷金求免終發其罪後李公掌天官柄黜陟
乃以瑗前隙免閏官家居三十年讀書作文老而

不倦有文集五十卷行世

胡文靜號翕山弘治甲子舉人正德戊辰進士選南陵令革弊除奸考最調吳縣一如治南陵時擢御史奏撤天下鎮守中官未幾差視光祿言通匱之祛積蠹數事當旨榜示通衢巡按福建同王文成經理入閩兵事其政績見於明紀寳訓實錄及陽明集中又福建有眞人廟京師每歲遣送袍笏公私並困文靜先期具疏請以從便賫附爲地方省費訪古名賢尤加意表揚嘗梓忠定遺稿表監

門故里至海寇王宏瑀流毒浙閩廣三省特以計擒渠魁餘黨悉平加一級擢南京光祿少卿以廷中官歸卒

高臺字居賢號清江中弘治壬子鄉試癸丑登進士初授南京刑部主事即闢圜室高獄床給藥糜法司有疑獄嘗委覈實必務得情故都人號曰鏡子高蓋況其明也陞郎中時暑月寬刑恩典僅行於兩京無及外省者臺請遍行天下迄今以爲常生平慷慨敢言疏陳浙江鎮守弊政十餘條悉見

採擇弘治甲子以内艱歸竟弗出惟坐小園染翰
操觚亹亹忘倦所著有書經辨義小雅高論名將
題咏時事感論各一帙怡老園錄六帙
高廪字居豐號畏巖少以文行見稱兄閏弟臺皆
相繼登甲科廪以母凌氏老絕意仕進常從朱肖
齋純學爲唐律以范至能菊花譜題賦詩百絕既
而大肆其力製成篇什釐爲二十卷維陽劉半齋
名爲探驪蓄取劉禹錫探驪得珠意也遐括若經
龍游邑尹袁君文紀聘修邑志復延主社學凡章

冠而下先令講誦虞書以所編故事續編一十二卷月取一卷教之歲久懷歸作歸山詞以見意自是不復他出杜門著述追懷郡中古蹟分爲十類用各體賦詩二百八十首爲會稽懷古集又有詩銜史學稗雅提徑及明季朝野日記故事醉適維言諸書

孫[illegible]字九霄號龍川正德戊辰進士居刑曹務寬大惟涉瑞人則執法不少縱朝論重之慮囚江南山寃獄百餘案遷粵西臬副治因其俗科條簡便

攝學政兩載多士忻戴之孫（逵）有聲黌序置義田
教多士有祖風
（吳兌）字君澤號環洲識膽沉雄爲諸生時適越中
倭亂鄉人卒走匿獨部勒宗黨結棚禦之麻陽戍
卒剽市仍執其渠告主者以殉嘉靖巳未成進士
爲武選郎見恩廕冒濫中官特甚乃持例分別疏
核司禮監遣人詣曹求易疏兌怒斥之欲以遮奏
聞司禮懼謝時武爵訛濫爲之置籍七百衛所藩
然大盗曾一本嘯海上閩即以殲魁撓則朝論曰

行賞兒曰魁之眞僞未可辨也請覈實後一本果
未得凡邊功覈而賞自此始嶺右有吉田之師兒
謂賊入楚其徑有三犒諭土司而禦之費省兵不
勞又欵貢之議決策而定陞山東按察副使飭兵
覇州塹塗布壘盜馬不得驟陞右僉都御史撫治
宣府等處度要害築外十三邊先是宣府屯糧巡
故額至二十一萬軍多積逋乃疏請赦逋流人歸
業者給以牛種由是耕者雲布粟價賤于中土嘗
言火器之利造大小砲練爲陣法計督撫九年府

庚兌恤歲省太倉太僕銀數十萬隨回部從上大閱進陣圖尋以右都御史陞總督攉兵部尚書太子太保廕一子世襲錦衣衞千戸及入掌兵部事數月請骸骨歸兌生平行義好施俸廩所入緣手而散至如敦崇理學友愛伯兄尤人所推重歸鄉十餘歲未嘗入郡見長吏萬曆丙申四月卒賜祭葬祀鄉賢

趙錦字元朴號麟陽由餘姚遷山陰嘉靖甲辰進士除江陰令有惠政擢御史江陰人戴之迄巡按

江左有寇掠大倉朝議江淮設總兵官錦言小寇
聚不足以煩大師急請罷省費不貲清雲南軍政
時以元旦日食疏引春秋之解陰盛陽微極詆閣
臣嚴嵩怙寵納賄蠹國害民忽緹騎械繫下錦衣
獄搒掠備至而不死除籍歸穆宗踐位起河南道
御史後巡撫貴州苗蠻難控示以朝廷恩威反側
者漸平萬曆初歷南京禮吏二部尚書江陵相張
居正秉國竟挺然無所依阿又議朝政得失有忌
而劾之者因致仕復起左都御史念紀綱重地況

侃不回議文廟崇祀力言文成白沙當與其列改兵部尚書丁母憂歸居六年齒七十有六矣詔起不得已就道至姑蘇而卒贈太子太保謚端肅

高克謙字子益嘉靖乙丑進士授工部屯田司主事提督易州山廠事核剔諸弊殆盡時廠外有老狼每出爲民患克謙乃爲文檄山神使之自致未幾狼近前俯伏遂殪之民立殪狼碑以紀其事遷山東按察司僉事會濟南通判某居官侃潔按臣屢以賄要之不得欲下其績克謙曰是人撫字心

勞乃篤之奮惫不餞乎卒注上考按臣怒遂劾以比周越數月言官有論救者尋補廣西左江道僉事時土官黃金鑣以事入獄金鑣素豪富願進鏹萬餘冀減等乃竟論如法已而苗民爲變詐就欵克謙集諸將議勦忽昏暈不能言猶援筆書一勦字而卒時年六十有二治行最廉而篤于學所著有詩文二十餘卷

祁清字子揚生有異質語默作止悉中矩度嘉靖庚子登賢書丁未成進士除蜀保寧府司李讞决

精明重慶賦役法不均部使者與勾校悉發其奸爲畫便宜法令所名一把連是也陞南京禮科給事中時軍興費詘疏言弊在三冗舊制各門關庫局惟內臣正副兩人令動以百十則官冗各監局匠民工可一二數而歲支粟溢二萬則食冗孝陵與諸衛官軍伍缺而糧存卽伍存十九老弱則兵冗上納其言著爲令咸寧侯仇鸞怙寵數其罪狀藩臣貪而驕卿貳露章彈劾一時多忌之出知福州海賊至四境之民爭門而入或下令毋內民清

特云不可亟內之活數萬人身乘城固守賊稍稍
引去會丁父艱補韶州守擢貴州副使苗人楊進
雄立猶子珂爲後而進雄有子相格鬭珂據六洞
以叛清召裨將薛近宸除其黨數輩而使諭珂珂
感泣自縛詣吏既而王世麒以清浪叛朱廷武宋
鷙以草塘叛王阿利以平代叛乃策曰世麒自父
漏誅宜致討宋禍起爭襲阿利負固以偏師間道
取之足矣開府如其言衆苗皆平巳遷湖廣參政
辰州城圮可褰裳而登急慮材鳩傭閱月雉堞翼

然矣五開銅鼓諸衛其供億皆取給於楚五溪險惡舟多敗請易徵金更爲規制遷陝西右布政使以病卒儉中幾無以爲殮祀鄉賢

孫鑨字文中忠烈燧之孫嘉靖丙辰進士授兵部主事歷員外郎中世宗時抗疏極諫勸上無爲左右所蔽引趙高林靈素等爲喻宦寺寄格之遂歸隆慶初爲南吏部郎歷光祿卿時張居正留相鑨扱袂而起曰宰相不奔母喪豈能覥顏與之立朝陞乎因乞歸萬曆初歷南北吏部尚書正類莫不

吐氣然以守正大致柄鑿遂乞休踰年卒贈太子
太保謚清簡二子如法如洵並孝友如法字世行
年十八領順天鄉薦萬曆癸未成進士授刑部主
事時神宗册鄭妃爲皇貴妃而皇長子之母無位
號國本未定如法抗疏極論并救前諫者姜應麟
沈璟勸上亟立皇長子爲皇太子然後發册並封
皇貴妃疏入上震怒貶潮陽典史後册立竟如其
言惟私居忭舞而已其助築海塘梅市至浪橋越
人德之病卒贈光祿少卿諭祭葬所遺書有古春

秋傳六卷廣戰國策十七卷如洵號木山初爲諸
生常于父墓旁課業懼遠母朝往夕來以盡色養
壬子中順天舉人癸丑成進士授刑部主事陞員
外郎時以母老遂乞歸先意承懽庭產蓮一莖五
臺母壽百歲而歿廬墓有雙鶴棲其塚皆孝感所
致尋補工部員外郎出守池陽恩威並著遷山東
副使條議漕務十事夙弊一清擢兵巡道駐濟寧
築河疏閘賑饑民禦土寇爲東撫所忌致仕歸以
壽卒如法嗣子有聞字子長以廕仕初省父貶所

慟號而卒廬墓三年母史性嚴能委曲承懽及母病甚妻來氏方產絕兒乳哺姑至羸不能存有聞傷感終身不復娶光宗嗣位赴闕伸父忠詔贈官賜葬又能重義好施成親之志可稱孝義兩全

徐渭字文長號天池甫髫年穎異過人及補弟子員饒于邑縉紳或以其駘蕩鮮契合者既而負氣自恃省試數不售喜作古文詞觸筆而成會浙督少保胡公宗憲以長至時獲白鹿于寧波定海間期以表進渭爲繕草雅而確世宗覽之大悅眷隆

少保而少保始重渭由是聲望藉藉矣少保居督府體嚴峻諸將吏望之懾息渭一以賓禮自重戴敝冠衣澣布縱談天下事督府以其知兵延之幕中計設間諜誘致王徐諸寇瀕海得安每出幕狂飲雖夜深必啓戟門以待久而彌重也及督府下請室渭懼株連心鬱鬱得狂疾嘗以錐刺耳入數寸椎擊腎肉爲裂血淋淋下不死後擊殺所續妻入獄法當死亟欲自殺得里紳張公元忭救解竟出獄遂恣遊天下山川酒酣耳熱輒爲狂歌旁若

無人而意愈豪文愈放自京邸歸鍵戶不見一人獨挾一犬與居絕穀食者十稔或詰之曰吾食穀久偶棄去耳庸何傷嗣是貧滋甚多作詩文書畫鬻手自給棲敝椽藉藁而寢視世無足當其意者十年內僅于張公元忭歿出而一哭其他絕跡焉年七十三卒渭貌修偉音如鶴唳中夜嘯呼羣鶴應之讀書有深思自謂得力于楞嚴莊列子及素問參同契世亦謂其能貫串經史融以巳意同郡陶公望齡云文有矩度詩尤深奧往往精于法而

畧于貌楚袁公宏道則曰胸中一段不可磨滅之氣皆英雄失路投足無門之悲故其詩如嗔如笑如水鳴峽如鐘出土如寡婦之夜哭如羈人之寒起當其放意平疇千里偶爾幽峭鬼語孤墳此可謂確評矣嘗自言吾書第一詩二文三畫四識者許之纂會稽邑志雖得之邑人馬堯相而特爲編摩加以列傳今與其所著並傳所著文長集闕篇櫻桃館集註莊子內篇參同契黃帝素問郭璞葬書四聲猿逸稿四書解首楞嚴經解

王元敬字廷臣號古林嘉靖己酉舉於鄉己未成

進士知許州以清能著遷部曹時相臣張居正執
政刑郡缺太守銓部尤加詳慎執政曰願煩王公
元敬將行聞楚中方面官謁執政皆仄行侍坐駭
然曰我往當以敵體禮正之所請事有不可輒爲
裁抑蒞任甫較士按籍唱名至執政子以僮應公
曰執政子自貴奈何以僮應而辱多士乎乃惶恐
趨謝時上爲執政治第諸大吏助金多以千計元
敬獨以數金而已人以是多之尋按察山東誅大
奸朱孔學等又諸省決大辟歲至百十惟元敬論

東省囚止六人御史少之弗顧也陞廣東方伯奉
詔方以度田溢額爲功乃檄屬縣據籍爲主毋妄
增島人數百坐棄市廉知其有寃多出其囚及爲
應天巡撫劾墨吏數人吳中大治未幾罷歸生平
厚重謹慤如不能語遇大事輙果毅過人衆莫能
奪即如楊忠愍故交遊多引避獨持杯酒坐西市
引滿爲訣殆可謂仁勇者與年八十有七卒祀鄉
賢

張天復字復亨號內山華亭徐文貞督學得試牘

大奇之置第一長吏委以邑志事山陰有志自此
始嘉靖癸卯舉于鄉丁未成進士授禮部主事以
制誥之撰文者改吏部驗封司主事入典是役歷
陞禮部儀制司郎中時世宗英察而儀制又多事
若嘉善公主下嫁穆宗大婚景王就國並大典而
奉職皆稱陞湖廣提學稱得人調雲南副使佩臬
司篆沐氏不法以祖制戒之已而武定苗蠻亂詔
進討監左軍用象戰之法䄍以氈衫鐵鎧出入洞
箐間擒僞王鳳繼祖俘名酋以十數沐氏輦金巨

萬餌之欲以冒功竟不許沐氏賂當事者齧齕之因被逮雲南父老獠蠻輩扱省臺爲陳枉狀旦夕問傀如視所親而羅織事詰之無影遂免歸未幾伯子名元忭者中殿試一名官修撰請以已官贖父職詔復原官壽六十二卒所著有鳴玉堂集湖廣全省志山陰縣志廣輿圖考諸書行世

俞洛益號南石爲諸生時設教越中生徒多奇士如太師朱賡狀元羅萬化張元忭皆出其門嘉靖庚子舉人已未成進士授廣州府推官獄多平反

以治行卓異陞御史督理屯田侵佔爲之一清旋
殲盜魁袁洪民獲安堵乃以年例陞福建僉事辭
職歸里救山人徐渭出獄士論賢之
俞意字欲誠與張內山羅外山深交因號中山登
嘉靖二十二年進士授武選司主事以忤權相遂
歸性廉靜不事生產延五經名士于家昕夕講究
鬻祖父遺產刻四書五經集註至大學中庸則加
或問易經則加程傳詩經則加小序春秋則加左
傳公羊穀梁較訂精詳學者便之

周祚字天保嘉靖丙戌進士授東阿令邑號罷劇生聚教訓煦煦如家人東人悅之丁父憂補來安邑人大悅徵拜兵科給事中疏陳任將賑饑弭盜均役省兵稽尺籍清廐弊慎祀典飭荒政覆首功十數事皆切覈救時巡視九邊復陳邊兵芻糧大計上悉嘉納之還至三河蒙犯風雪有以貂裘進者峻拒之遂中病手足攣瘓免歸病愈益肆力鉛槧其詩似少陵其文如河流下龍門積石奔激怒號攬其詩文志可悲也

朱賡字少欽號金庭年十七督學薛方山取冠諸生嘉靖辛酉舉鄉試隆慶戊辰成進士由庶吉士歷陞侍講充會試同考官得鄒南臯卷曰子他日當爲骨鯁臣後果劾閣臣張居正賡嘗充經筵日講官上方冲齡宫中集花石爲講宋史花石綱之害上退誡左右曰講官之言良是後以尚書兼東閣大學士備陳礦稅爲害楚藩有宗人華樾者奏其王非恭王子不宜冒爵楚王劾宗人疏亦至部議互詰不休賡密揭上請亟正其誣居無何妖書

事起太畧言帝欲易太子故特用朱賡賡者更也帝怒命緝其人株累甚多急移書閣臣沈一貫論磔皦生光其事得寢又抗疏請釋逮繫推官華鈺等十餘人釋御史曹學程罪天下翕然稱之蜀黔交攻迄無已時又疏請寢兵使兩地不受鋒鏑雲南焚燒中使楊榮人心洶洶請從寬政由是六詔無異志賡自秉國來遇恩必辭及病危猶疏時政以當尸諫卒年七十四贈太師謚文懿所著有經筵奏疏及紊史敦庸集行世

陳兗言字唐卿號四門登萬曆壬午科鄉薦六任貴州銅仁府知府天啓元年奢酋倡亂黔省震驚一時道府縣多缺撫臣就近陞補題爲分守貴寧道副使二年安邦彦變起圍省奉命督兵鎮遠駐劄督糧撫按徵糧之檄五拾餘次皆羅解辰州自楚達黔羊腸鳥道轉輸十八萬三千餘石舊撫因援覆歿乃以川湖陝西總督朱燮元專征賜上方節制五省合三方進勦新撫揆命解圍而黔蜀始定省會被圍一歲雖羅雀掘鼠困類睢陽而餽餉

不窮得以百萬黎民生還天子厥功偉矣三年改調貴州按察司整飭思石等處兵備分巡思仁兼管撫苗道副使四年加陞叅政乃積勞之後不耐風霜乞骸歸里惟携兩袖清風厥後燮元敘功䟽開有保釐功高特輸績懋身雖隱矣勞實難泯銓部亦准以邊俸六年陪推偏沅巡撫乃清標高致嬾于塵務喜其弟箴言登崇禎壬午科鄉薦後先濟美克敦孝友日遊沬于稽山鑑水間絕口不言前勞壽至八十六歲而終箴言後壽登百歲云

何繼高號泰寧年四歲大父詔深器異之登嘉靖甲子科舉人萬曆癸未科進士屆西曹獄多平反時人謡曰執法不阿海與何海謂都御史瑞也遷潞王出封衛擇良守遂知衛輝旋調歸德又調臨江歲大饑出粟賑之秋復大旱步禱蒙山得靈水與城隍神約曰守失職神殛守守無罪而旱罪在神雨應期而至議免樟樹永平二鎮榷稅調福州倭入朝鮮閩省大震與撫軍計移築福清城閩人至今賴焉民陳梅等倡亂先守軍器局分兵屯諸

卷口身撫諭之亂遂定遷長蘆運使至滄立五綱册核商主叚定餘鹽夾帶例寬徒戌之罪增引額二十二萬增課一十七萬有奇又以羨緡籫滄州城郝天門書院以館雋士滄人至今德之遷江西右叅政因請歸葬甫六月而卒繼高爲諸生時家頗饒四爲郡伯及居長蘆九年家益貧生平孝友敦睦善星曆壬遁兵法形家之學并明心性之説所著有聖授圖理數解孫子解證瀛東雜著軒岐新意風水説子孫擢科第者七人

馮應鳳號鳴陽萬曆庚辰進士令永豐永豐襟江繞湖田多水患其民險而健吏多舞文甫下車與諸椽約莫敢骫法因進父老問水所患若狀築堤捍流皆成沃壤及補御史巡按江右適無歲力爲百姓請命兩免得以敗折其讞諸郡獄詞必務平反至今刊布爲爰書式時稅閹肆虐即明束以制巡視京營請劾將領汰老弱營務爲之一新大計掌河南道所廉察出入意表其理長蘆鹺務值民竈相訐爲清其田俾商竈兩安遷太僕寺少卿病

卒人謂其篤于天倫居官所推獎皆名吏卒年六十有二無子

陳烓字葆光號耐菴中萬曆己丑進士初知安平調繁寶應邑涔善潦所引漕渠數起大役烓解煩息苛與民爲無事時東潞河神臺莊北閘張福海口發丁壯數萬人徵赴絡繹而民若不知庭中清肅日召邑子弟爲講課藝自勸率文教大興自嘉隆來邑人無上公車者是後彀殿多以荐起矣乞崇行義恤鰥之所推食士凡五十餘家前令耿君

嘗規畫六事邑人稱善而曹吏謀害其成烇下令
承行之召爲南京四川道御史時泗州陵寢漲沒
上震怒將浚淮水其下流諸邑勢必爲魚鱉矣烇
上疏切諫廷議韙之卒鑿渠而猶幸周家橋不決
全活甚衆礦稅起卒其僚累疏力爭又所罷京帑
浮費歲省部寺金至巨萬以母訃遂乞骸歸尋病
卒季子至謐邑廩生因崇禎甲申之變遂不食餓
隱逸以終

朱爕元字懋和號恒岳萬曆壬辰成進士授大理

評事慮囚山西多所平反有囚犯殊死嚴絶其餽
特疏論殺之出守蘇州政務畢舉擢廣東督學所
取士號得人巡按御史强以二十人令與省試爕
元盡除其名及告終養十年陞蜀右轄時朝廷有
營建之事採木于蜀吏多因緣爲奸則第其木之
上下而簡料之以其不中程者給商人爲運費五
日而竣役清一省漏籍田歲抵新餉七萬五千有
奇隴右有老人授以風角書并古兵法卽盡其術
又內江有牟康民者精于數學預知黔蜀有事必

朱姓者定之及藺賊奢崇明反殺大中丞陷渝州
人情洶洶時燮元方以覲就道乃返旆治兵乘賊
懈搗其營斬馘千餘賊將羅乾象來歸解城都圍
賊至敘州勢復合乃截其歸路前後𣦸者數萬定
敘州復重慶明年陞兵部侍郎總督川湖陝西遂
入藺州清其巢穴無何水西安氏反與奢相唇齒
擊敗之會黔撫覆殁上命專征賜上方節制貴川
雲湖廣五省遂用降將招奢氏等計斬崇明之子
寅時方一意討水西尋以父喪歸明年仍詔總督

五省乃合三方進勦斬崇明及安邦彦等而安位
亦乞降蜀地定矣因上便宜九事大約言苗漢相
安不宜郡縣其地賊首安位死無嗣朝議必欲郡
縣之又上書力爭始寢其議身以勞瘁薨于黔享
年七十有三凡黔蜀之民咸慟哭立祠訃聞上震
悼賜祭葬爕元賦性介潔室無姬媵堂無甀好且
因材任使用法嚴明御苗人一以忠信故所向成
功雖天啓末年政在閹寺然勞臣之烈不能掩矣
張汝霖字肅之號雨若幼好學耆古屢不得志于

有司江右鄧文潔試其文大奇之及入闈主考李
廷機得之落卷中擬元以例監遂置第六萬曆己
未成進士授江西廣昌令尋授兵部武選司主事
旣而副考山東以詿誤罷職歸家園擁書史暇則
策杖于猿崖鳥道間成詩文盈篋起南刑部視學
黔方所得皆知名士晉廣西叅議時猺獞亂督兵
進勦得苗人能阿者歸部下練獷卒五千號張家
兵尋以病歸卒所著有易經因旨及四書荷珠錄
郊居雜記行世弟汝懋號芝亭登萬曆癸丑進士

初令休寧有惠政秩滿考授福建道御史條議邉務建屯田陞大理寺寺丞歸以山水自娱而卒

王業浩字士完號岸雲萬曆巳酉登鄉薦癸丑成進士初令襄陽時楚中蝗螣傷稼獨不害其境既而陞御史尋掌首纂時中官魏忠賢甫熾凡直言者數椎罪獄業浩疏彈之疏入擬杖會震乾清宫乃止及崔呈秀希登台鉉廷議僉諧獨正色以爲不可魏黨網以門户矯旨削奪幾蹈不測人皆爲之膽寒獨怡然自若既罷歸復起掌道如故後督

師兩粵寇陳萬鍾凌秀等擁衆猖狂南韶潮惠間乃能厲兵辦稷數戰皆捷又由漳直抵銅鼓嶂而二賊合謀以間諜離二賊心使各奔以分其勢截下歷口斷其通往賊前後授首再築連平州建鎮平縣善其後晋大司馬陳情歸養卒謚忠貞

沈縉字仲甫號玉梁萬曆丁酉中應天舉人人賀之縉慼然曰吾父母耄令始一遇竊恐娛親之日短六上春官不第選六合令蒞官歲餘不取民間一錢六合為水陸孔道地瘠且衝沿江皆盜藪縉

任半載獲盜百餘後以失當事歡遂歸里養性讀書泊如也生平衣食麤糲無他嗜好遇臧獲下人未嘗輕叱當父母偶恙徹晝夜侍立居喪哀毀過人且建宗塚以埋族人之貧者置義田義學供祀事而振子姓之才可謂篤實君子矣次孫胤范中康熙丁未科進士

劉永基號止菴少時見陽明先生語錄日夕深思及聞周海門先生解益恍然悟中萬曆庚子舉人庚戌成進士授宜興令先是吏胥以假印乾沒稅

糧積至七千餘甫下車即爲摘發特洞庭大盜[illegible]
十三等聞風遁去竟執之境內蝗設法羅捕而有
母王淑人吞蝗入腸願拯民命以疾卒故丁艱去
士民戀戀爲築望來臺遺帶樓以志思慕旋建吞
蝗娘娘廟誌母德也後補贛令贛故衝邑兵民雜
處一日營兵以缺餉譁逐主將擁衆二千劫府獄
矣乃挺身出暫寢其鋒已而私計曰非用倡亂人
以定亂不可遂勸一隊長反罪爲功率衆入謝督
撫縛其首事者七人正法及邑大饑設六廠貯賑

又貴糴以來遠賤糶以平價贛民得甦擢兵部車駕司主事歷山石兵備僉事會婦寺交亂朝中諸名臣相繼被斥自知不免即掛冠歸竟以巡關使者論劾削籍後逆瑾既誅起爲陝西洮岷道經營邊事盡瘁而卒從祀鄉賢其宜贛二邑俱入名宦祠

祝彥字元美號金陽萬曆元年領鄉薦任江西德安令以惠政著捐俸建儒學教官三署及有催徵便民錄至今遵之歷潁州知州爲治不繁苛其

年卽請終養孝事父母並享年九十有二其所著有祝氏事偶及談鯖侶鶴堂詩集曾孫弘坊成康熙庚戌進士

〔金蘭〕號楚畹萬曆戊午舉人乙丑進士授婺源令時僞學禁嚴議毀各州縣書院充餉而婺源爲朱夫子闕里多方護之得全庚午爲應天同考官取吳繼善等皆有重名及陞監察御史多糾舉官邪並闕大體流寇猖獗上便宜四事按陜西彈壓有方未幾以丁艱歸後巡長蘆懲奸剔弊故習釐然一變擢應天督學御史不抑單寒不通請謁江南

士人頌之以少京兆致仕居鄉施邺貧寒無所悋惜孫煜成順治戊戌科進士

吳孟明字文徵號祖洲承先世廕爲錦衣衛千戶進鎮撫司理刑時魏忠賢盜國柄將殺朝臣之異已者鎮撫司許顯純掌刑豢阿附忠賢久矣孟明與之同事惟日決獄貴乎平允會中書汪文言下獄忠賢欲假文言嗾興大案爲一網打盡之舉故顯純于會訊時刑掠文言而十指盡拔其甲且日尚攀龍楊漣左光斗李邦華等必是汝黨時文言

手絕似有應聲顯純即手書高攀龍等四十餘人姓名將以成獄孟明不勝懷憤呼文言曰汝昏絕矣何得隨口以諾文言斃而方甦願看名單曰諸人實無交涉大哭以手碎之孟明歎曰殺人媚人吾不爲也故攀龍傳中謂賴吳錦衣力得免自是爲羣小所忌借他事逐之罷歸乘扁舟忽舊邏卒叩謁孟明詢以何事卒曰特遣伺察周汝登劉宗周輩耳乃諭之曰昔夏門亭長知憐李固長安石工猶賢司馬令爾曹寧獨無心耶卒唯唯而去崇

禎改元晉錦衣衛掌衛事先是文選郎李彬職方
郎鄒毓祚拘繫數年李彬病死獄中吳具詢時坐
鄒毓祚贓少上怒對曰鄒毓祚原參三款已承其
二臣安敢法外苛求且臣果有骫徇何不坐贓于
已死之李彬而乃坐贓于現存之鄒毓祚耶于是
蒙報可又蘇州府推官以復社事指張溥張采等
爲亂魁并及錢謙益瞿式耜乃爲具疏解救掌篆
不及二年即解任進階榮祿大夫享年八十而卒
張焜芳號九山登崇禎戊辰進士爲南平令有異

有聲陞南戶科給事中其斥幸閹推讓臣褒遺忠
等疏凡十餘上羣小深忌之尋借事重擬上爲原
其素行令改擬以引薦不稱旨鐫級歸適意林泉
與劉宗周同修證人社講學談經澹然相得壬午
賜環北行至臨清遇難不屈死之妻金氏赴井死
王應遴號雲萊萬曆戊午以副榜恩貢閣臣葉向
高薦入中秘修兩朝實錄玉牒晉秩大理寺左評
事奉旨開館纂輯適熹宗嗣位魏璫亂政乃輯眞
西山大學衍義首列祖宗防近習一欵以獻觸璫

怒廷杖一百幸葉向高韓爌力救免削籍崇禎初年以執政徐光啓之薦起原職仍脩志曆會典諸書後加禮部員外郎甲申三月卒之

〔祁彪佳〕字弘吉號世培年十七萬曆戊午舉人壬戌成進士授福建興化府推官胥吏以年少心易之見其理案牘如老吏乃共驚歎時藩司兵餉稍稽致大譁諸長吏懾息不敢出獨馳諭之期以五日給餉復訃縛爲首者數人治之後授御史巡按三吳訪魁惡天罡擒殺之且定漕解淸隱租罡役

田閣臣忌其讜直郎告歸居八年從劉宗周講明程朱之學起河南道時劉宗周金光辰以直言蒙譴抗疏留之及舉計典銓郎吳昌時壞法遂劾之已致政歸甲申三月崇禎殉社稷次年彪佳挈妻子入雲門至所居寓山笑曰山川人物固屬幻影而人生已一世矣時夜半遂赴水子理孫方于夢中聞開戶聲驚起覘之得案上别廟文并遺囑絕命詩奔水際求之不得頃之東方漸明見柳陌淺水露角巾寸許端坐而卒猶怡然有笑容同時死者附見

于後（潘集）周卜年皆讀書慷慨與會稽王毓蓍善自甲申聞崇禎之變毎以滅寇報仇自許既而行吟失志王毓蓍自沉死集哭之大慟作祭文粘壁間次日五鼓集袖中攜二大石及詩文一卷自投于五雲門外之渡東橋厥浮出好義者醵金收殮且爲置墓田歲歲寒食祭之（周卜年）初聞毓蓍皆自沉乃曰我亦當死乃出市沽酒飲大醉行至白洋龜山下躍入水死之（朱瑋）字鴻儒郎孝義先生朱文瀾之七世孫時以寇陷北京爲憾年二十四歲

寄居梅里尖地方赴河自沉死倪舜平賦性謹樸以醫糊口甲申年三月聞懷宗之變義不苟活夜置酒召里中少年痛飲語之曰吾明日必死于勞家塢祖墓旁家有二缸盍爲我覆而埋之至詰旦悉散室中所有即赴死趺坐缸中口占絕命詩并誦佛經半晌而死

朱兆柏字茂如登天啓乙丑進士授翰林院檢討歷任詹事府少詹居官小心兢惕凡國家有大事閣臣必延訪參酌而行之贊襄潤色黼黻休明屢

經杖卜以疾引歸爲人孝友性成慷慨敢言鄉黨依以爲重子用甸增李淑恪遵遺訓勿忘先德云

王思任字季重號遂東少時穎異黄洪憲見其文曰後日必以文章名世年二十成進士前後知興平當塗青浦三縣歷袁州府司李所至有能聲以得罪上官被鐫降後歷刑工二部主事出爲九江僉事遇寇亂善于料敵兵民賴之以請告歸思任通脫自放遇大吏不爲拘束好作文膾炙人口時人目以東方生一流聞崇禎之變即棄家入五雲

山卒年七十有二世稱其詩歌書法與董思白埒
仲醇相伯仲所著有清暉閣文飯等集行世
董朝儀字令儀少英特工舉子業從父入京偶勸
其應武科試遂登天啓壬戌進士任楚閫籌畧中
肯綮而彈琴雅歌有輕裘緩帶風以報最陞大同
副總兵勵精邊務聲名振遠適時征西前將軍王
公樸鎮雲中雅相器重事無鉅細必經區畫而後
行總制楊公嗣昌出控三邊有言朝儀擅大將軍
權者嗣昌入境首集文武詢邊事人莫敢對乃從

容爲言緩急形勢及烽燧儲備各機宜歷歷如指掌嗣昌瞠目曰古名將才也因言人言不足信者再後屢奏勦禦功調征河南流寇更獲首捷賜蟒玉擢陞後軍都督府特進榮祿大夫殺虎口方開馬市而難其人以朝儀久雲中得内外心命之往措置合宜無毫髮擾還京未幾慨然有出世想崇禎十二年以疾予告歸至杭州卒年四十七生平天性孝友工書畫善詩詞文采風流一時名公鉅卿競相推服自筮仕至歿未常歸閭里故西北之

傾之者更盛於越著有海外浪言玉蟾餘來嘯等

集姪維超崇禎癸未進士任福建汀漳都司死難

嚴起恒字震生號秋冶天啓甲子中順天舉人崇禎辛未進士初授刑部主事歷郎中陞廣州知府旣遷擕眷過嶺行李蕭然所擕惟書篋而已甫至蘄黃遂調衡永道時值獻賊攻破衡州起恒至南寧府悲國祚已亡偏安難立遂赴水衆撈屍半月無獲忽一日虎負以出登山岸置屍平坦處回旋其旁數十次隔岸鳴鑼逐虎虎搖尾去衆爭視之

則起恒之厥也猶覺面貌如生土人彭姓具棺收
殮即葬虎所勒石誌之曰嚴先生墓
皇清胡兆龍字予袞號宛委生有異兆年二十一順治
丙戌即成進士庶吉士習清書凡一年通徹繙
番繹精工尤善古文詞授弘文院編修戊子典試
三楚務黜浮崇雅一時稱得人癸巳
世祖章皇帝御試詞臣第一纂修
太祖文皇帝實錄任秘書院學士日侍禁廷參與密
勿凡　駕幸瀛臺或駐蹕南苑未嘗不從尋允會

試副總裁所取盡四方名宿旋纂修　聖訓丙申
上命署司農案牘塡委甫二旬勾校一清繼舉京察
上命署銓政謝絶苞苴門無私謁尋加太宗伯
今上登極特任吏部左侍郎復涖銓政不數月病劇
竟不起時年三十八歲自弱冠登仕受
主眷最渥奉職忠愼殫精匪懈惜乎天奪之年猶未
竟其才云
王慶章字有慶號聖水右軍後裔也順治戊子巳
丑聯捷成進士時兩粤未入版圖

朝論亟以定南平南靖南三王師旅入粵
特簡巳丑新榜進士三十餘人任兩粵道府授慶章少
參備兵海南每向藩府策決機宜以安撫爲重活
人甚多一時將士皆憚其持正尋會題攝全省學
政文風丕振粵東舊有餉貢餉生二項苛斂册而
醜之或勸以沿例可致多金正色曰是沮士氣也
余雖貧不出此生平慷慨不事生產乃以封疆未
定勤勞烟瘴中遂卒粵士感之醵金送柩

明王朝爕字玉鉉幼岐嶷長博羣書通曉大義因於

有司以例入北雍每試輒冠軍屢遷上舍數奇不
偶謁選天官以異等授衡藩左相國陳詩納誨隨
事進規凡宮府內外之事綜覈秩然王甚重之會
海岱間白蓮邪黨倡亂直犯王城公率護軍偕有
司分門守禦出奇兵邀擊之殲渠降脅全活甚多
事聞晉階三品賜書褒勞朝廷方欲柄用而公相
藩七載竟賦遂初王慰留不得作詩送之曰日落
長沙懷賈傅月明梁苑憶鄒陽其敬慕如此乞休
歸林穉好施予里中之待以舉火者甚衆無問疏

遜皆周其厄共稱爲有道長者捐館之日巷哭相聞朝爍天性孝友遇先人諱日輒素衣致祭伏地爲孺子哀至老不替年六十不問家產其兄朝爟忽以一筐投之曰此析汝業也公蹙然曰兄不欲爲張公藝耶何遽至此朝爟曰吾老矣亦欲使汝知家事耳方拜受之郡邑高其義屢延致賓筵爲祭尊焉

王鑑之字明仲號遠齋登成化戊戌進士任元氏縣令除豪棍楊整等民甘樂業立廟祀之甲辰擢

御史奏劾寵妃失序中貴怙權下錦衣獄責六十
丙午巡按貴州活重囚千餘人招安苗寨一百七
十所弘治二年提督南畿學校公正剛明癸丑大
理寺右丞缺科道各薦所私太宰耿公以爲王督
學譽望服羣堪膺是選遂越例超陞甲子巡撫湖
廣時首相劉公壽賓客持金帛相賀不受且難謁
見鑑之獨寄詩帕潑入覽之躍然歎賞山西寧化
王宮人逃出於外誣王汚穢宮闈孝廟命鑑之往
鞫止坐王以用刑過嚴藩臣不顧成憲有擅留宮

人之罪因各奏辨鑑之避嫌引辭竟反成案孝廟臨朝親訊久而悟曰古人之待宗室甚厚盡從前擬鑑之以此受知于孝廟丁卯晉刑部尚書賜玉帶會劉瑾擅權籍没錢都御史產妻子解京瑾欲肆毒妻孥鑑之執法不允屢疏力辭救有司月支俸米四石歲撥輿隸四名仍與應得誥命居家田不滿頃意澹如也崇祀鄉賢六世孫宗乾以孝廉貢舉矢志恬潔統瑚有聲黌序克傳其家學云

王國楨字以寧又字龍阜嘉靖丁酉舉人戊戌進

曾孫柳之有聲膠庠元孫日輝安貧習儒不替先業滙庠生日輝子憲章天章力作以奉甘旨閭里稱其爲孝

錢輪字宗載父金領應天鄉薦母宜人沈氏輪生而俊秀幼從父之官署謹承嚴訓博通經史登景泰順天癸酉舉人成化辛卯授潼川州守抵任有豪貪奸暴者即剪除之閭巷肅然招商集貨遂成繁市居官廉慎民安樂業蒙獎勵進普安知州以丁外艱歸祖遺田宅悉讓庶弟卜居卧龍山之麓

日課五子俾繼先業年五十五而卒妻趙氏早歿贈宜人繼娶吳氏封宜人後先作配俱嫻壺儀子士宜弘治乙卯孝廉士元士亨士貞士誠俱藝苑有聲克纘先緒右副都御史徐英爲撰墓誌銘

錢士宜字廷舉號蘭齋輪第三子母宜人吳氏士宜賦性敏捷博通六經子史於易尤爲精詳四方放德問業之士不下百餘人越中談易學者皆稱錢先生焉著作浩瀚其所傳者易解節要蘭齋數集垂髫時即補邑庠弘治乙卯登賢書正德辛未

士由行人陞南京工科給事中丁艱服闋補任戶
兵二科侃侃直言最爲朝宁寵眷所著夢醒山堂
疏稿四卷行世歷任福建左布政使因不順權貴
致仕家居徜徉于湖光山影間建二小亭于水中
央爲飲酒遊讌笙歌歡娛之所掘土爲河約十畝
餘荷芰芬芳菱蔓蕩漾潛魚出沒飛鳥下工國楨
日駕小艇偕友人嘯傲狂歌傍晚始返如是者三
十五年享年七旬有五時人謂解組歸田備極林
泉之樂雖賀知章鑑湖一曲不能過也子六人志

學字琢菴太學生雲南都司斷事素具經濟不克終展其志循學字路之萬曆辛卯舉人乙未進士授保昌令因才優調任南海循卓清廉冠于東粵粲卒壻錦衣衛指揮使掌南鎮撫司朱壽宜爲之傳循學於制藝外雅好詩章有都門嶺下南海計行計還五集每成一句人即傳頌之孫開陽字金堂萬曆癸卯舉人性耽岑寂不干利祿築室於蒲山之麓旁建禪亭幽趣逸塵如遊濠濮而憩輞川也晚年茹齋禮佛絕弗與戶外事年七十九而卒

不受牙牀也竟按以法時積寇李文勝賨老兒擁衆萬餘出没島中負固數十年元戎無敢問天衢以秘計間令自疑相攻出不意擣穴擒渠魁寇悉平直指嘉天衢文武才薦擢漢陽同知廉平益著漢民祠之以老乞休享年七十有八卒冢子元吉仕宿州同知次子元慶仕維陽郡守咸克象賢世稱張氏多鳳毛云

張元慶字子升號太初天衢次子登萬曆癸酉鄉薦甲戌副榜第一授灤州知州操洌懸魚灤民有

月奉歲奉曰此此皆赤子膏血也悉除之讞獄多異政有李晉失金釵疑鄰子盜之有証而無賍晚坐堂上舉首忽見井星即井卦占之曰此家內外二井內井才爻爲舊井此皆井無水無物外井才爻爲寒泉此食井也有水有物此必在門外之井使掬盡其水入取果得金釵又灤之西南六十里有傍城寺窩幽閒僧多穢跡託踏水止院漏三下月殊皎潔見一婦幪帕血汚狀雖數爬欲前復止悲哽呼寃者數四元慶詰曰第述所由當汝雪即應

聲念云韓氏妙存懲下風流寃業因此上僧房宿
歇奸厮復殺空流血夜臺露冷寃魂難雪幾年間
挨不過半總明月知公神明含寃辨雪言訖不見
元慶訝之昧旦詰寺僧果得妙存通氏婦氏私惠
住挺殺之屍埋坑下妙存懼露撤屍清河命魚網
乃得男之骼忽躍起似捶妙存狀復鞫得妙存姦
張得仁妻朱氏媳羅氏慮得仁酗酒且覺縊河畔
摘之後得女人首骨查洗寃錄頂心無縫與男骨
殊妙存两僞服讞剳州咸頌神明立祠祀之聞諸

當宁嘉元慶奇政遷揚州知府治績奏天下最乞
休元慶學邃精天文易數著有四書宗旨名儒彙
業阜南樓集行世德業選爲越所推與鄉飲大賓
者五壽七十七歲

張汝嘉元慶次子幼敏悟淹貫五經百家星緯理
數之奥熹宗朝歲薦壬戌廷試第一授詹事府府
丞時逆璫魏忠賢用事羣臣莫敢言汝嘉獨抗疏
曰萬方之民命視陛下之精神爲肥瘠壽夭陛下
之精神强固則萬方之民命永寧陛下之精神敝

散則萬方之民命胥墊然欲强固其精神必須用
根本之地日親經筵始聖體凝和聖德富盛而澤
厚蒼生如偎用于荒娛盤騁臣恐陛下之精神枯
而萬方之民命斃矣上不憚寢其奏汝嘉知時弗
可為遂解綬歸後毋以不得行先憂後樂之志為
恥姻黨宗人困殯殮者給之嗟貧乏之者賑之有謝
汝嘉者汝嘉輒歎曰是增吾媿崇禎庚辰大饑僵
殍盈野汝嘉出入雨泣撫膺呼天曰何使予有心
而萬錐叢剌乃爾罄篋笥賑米數千石全活不啻

萬人其仁厚忠介時擬之文正清獻云晚尤嗜古徜徉山水間著有大學衍義詩易宗青心遠堂稿行于世號閬風先生享年九十九歲卒

馬維陛號芝嶠萬曆巳未進士授東莞令縣濱海多盜賊維陛至清保伍嚴斥候有發立捕妄指者繫弗治民卧始安枕邏卒誣周四爲盜連染多人維陛覆讞察其冤悉縱之又白鄰部諸生寃遠近頌神明邑大僚徐兆魁素怙勢憾無加禮將構以罪總督陳邦瞻知其廉能力持之獲免行取擢工

部虞衡司主事歷陞郎中殷工興維陛以勤慎襄事勞最久當優敘權璫義子某欲爲居間維陛力拒之絀其功止晉一階以叅議守瑞州府鎮以廉靜嚚訟者皆化爲醇良郡多逋賦維陛不忍以催科困民身膺叅罰鐫級至十餘凡八年不調民謂守實生我咸呼爲馬外公云維陛素羸多疾又念二親老乞終養解綬徑發民聚哭遮留巡撫解學龍惜其賢不聽去民懽呼舁還不得已復視事東望洨然曰吾亦是官矣迨父卒趨歸痛弗及含殮

哀毁甚浹歲竟不起瑞民聞訃巷哭相與祀之學
宮維陞素廉宦遊二十載田不滿二頃割四之一
爲祭產公諸族人餘則合子姪八人均析之不少
私其子人允以爲難能子四人允璜時共庠生允
璜博學多能負盛名於世允璝允瓆業儒俱安貧
食舊洵無慚清白云

張明昌字二寢號勔思山陰人父壎僑寓武林因
補錢塘弟子員好學能文弱冠餼于庠里中以通
經推爲祭酒所教授嘗數十人多有先取甲第者

昌獨十餘試不售然志益堅學亦益力貢期及輒就不就萬曆戊午始舉于鄉年已五十七矣明年復不第以貧故司訓姚江或勸以謁選笑勿應至天啓乙丑中進士第授工部都水司主事榷清江浦廉靜如布衣時歷陞江西建昌府知府愷悌子惠郡人戴之以年及懸車致政而歸優游林下八袠而卒吳越迄今舉爲好學晚成之勸云

朱光熙字澹明宋大儒朱子之後崇禎庚午順天舉人甲戌進士任揭陽縣令其地不知蠶績乃移

吳越桑麻令民種植并教以女紅而民始能爲布帛俗好爭訟往往茹毒艸自斃以殺命相誣光熙立厲禁其習乃革又創義塚掩敗骨循良之聲溢于境內秩未滿丁外艱服闋補南海令舉前之滯獄計日剖決粵俗多盜平民一爲扳累即長繫獄底光熙廉得其寃悉出之海寇肆橫邊徼震驚悉陳方畧賊遂乞降適大水民困于饑發粟致賑光熙治行爲嶺表第一行取入都當宁以光熙爲治劇才授樂亭令即日登車履任增城垣置哨卒屹

然爲西北巨鎮尋召對條陳利弊上嘉之手錄所
奏納之衮衣光熙出而感激流涕曰主上勵精圖
治聽言若渴一至于此爲臣子者尚復素餐充位
又何顏面立于天地之間耶上將擢以諫垣値闖
賊變光熙手劍欲自裁長子麟趾在側抱持奪劍
不得引决光熙怒甚旋有附賊者來相伺喝光熙
切齒拒之急變服出都城日夜號慟成疾不二旬
卒元配周氏敕封孺人聞光熙計仰天號泣曰公
爲全節之臣我朝廷命婦獨不當從之地下乎乃

嗚咽廢飲食未一月亦卒生三子麟趾太學生麟定庠生麟角順治甲午選貢俱敦孝行能世其業

揭順天府府丞姜希轍爲之撰文希轍崇禎壬午舉人初筮元城令有惠政卓異爲畿輔冠歷戸禮兵科垣慷慨陳言直聲聞天下所著奏疏六卷行于世順治辛丑分較會房得士三十人皆知名士及任順天府丞釐奸剔弊畏威懷德爲

朝廷所倚重希轍忠藎自矢不獨本諸摯性而玉潤之譽亦由于氷清所致云

何弘仁字仲淵崇禎庚午舉人丁丑進士任建平令先是建平無城弘仁鳩工亟作雉堞屹然遂稱雄鎮值奇旱露禱伍牙山七日大雨霑足太江以南飛蝗蔽野田無留禾獨不入建平界丁內艱服闋補高安令端溪一水受滇黔交桂諸流每夏潦民爲災弘仁增修圩堤農事以賴癸未因外艱去民遮留追送者數百里不絕甲申闖賊陷京師弘仁慟哭唯欲自殉會浙東起事聞弘仁名授以御史未幾弘仁至剡之白峯援筆矢吟貽書誡子欸

然拔崖而絕因土人相聚守護不去久而復甦遂入陶介山陶介在萬山中雲藏禪師卓錫茲土弘仁遂薙髮爲弟子日茹藜藿汲必親作負襆被獨行往來緇雲孝烏諸山備嘗困苦與高士李秘霞郭蓮峯友善多所倡和弘仁以勤苦致病一日謂秘霞曰吾有志不就忝厥所生於君爲不忠於親爲不孝吾歿之後切不可棺歛舉火焚之藏骨普同可也吾從此逝矣言訖而卒時年五十五配商氏有淑德子三人嘉廸嘉建嘉延俱敦行誼博學

知名於世孫五人思永文行兼著尤爲士林所推

重云

皇清張尚字仙羽初名雲翥

大兵破瀋陽城挾之往遇

太宗文皇帝之日先夕感異夢示祥遂易今名羈旅遼

左困而益勵著窮達賦以見志崇德三年廷試第

一筮仕之初其所陳獻惟以愛民不殺爲王道之

本出知平陽府擢督糧寧夏道平王馬之亂即晋

寧夏巡撫及轉甘肅皆有偉績左遷濟南守道民

陷賊中爲俘者數千人力請而免之分巡井陘歷陞晉臬閩藩內擢僉都御史臺署肅然恤刑山西平反甚衆撫治鄖陽不逞者革心向化四省以安累進資政大夫移疾居長安娛情泉石享年七十有八卒于康熙十九年冬崇祀鄉賢配趙氏賢淑多才勤女工自忍饑寒供夫誦讀尚之武功文治爲一代名臣悉由內助氏累贈夫人長子四維初任杞令旣補新安民咸受其惠陞考功司主事黜陟臧否悉中事宜轉刑曹出督浙省北榷裕國通

商頌聲廣徽次子四教從軍帙閩多立奇勲任興化府同知政績優長擢撫州府知府才望更著孫熹燕克繩祖烈甥薛景運候選運判恪承舅氏之德無愧宅相云

潘朝選字世衡號澹菴生而穎異弱冠遊庠順治乙酉任孟縣令攝篆壽陽循良著譽兩邑俱建生祠丙戌特簡御史巡視西城豪强歛戢奉使上江蘆課倍常漕務整肅戊子巡視南城己酉按粤辛卯巡鹽兩浙臨行母趙氏喜還薤任梓里囑覓族

黨廬墓朝選按浙鹽課鋤奸事竣修家廟置祭田建宗學䘏寡孤獨各有所資弟中軒失明愈加敦睦厚贈無遺自後官京畿道以歷各任謹慎爲心甲午冬晉秩太僕卿乙未遷通政司復轄太常大理二寺皆克襄厥職

世祖章皇帝諭才優經濟堪任民牧轄山西右藩丙申帶管左藩殫心區畫絕迹苞苴即陞河南左布政使裕國恤民兩協其便丁酉內陞少宗伯

覃恩賜蟒玉晉秩一品尋位左司馬出撫直隸將行值

母病焚禱朔以身代及卒悲慟欲絶凡遇父母忌日其孺慕之性輒涕泣不食出於至誠如此奉

俞吉勉馳赴任凡政績見諸施爲者盡出手裁勤勞之餘心力俱疲時年六十有三上疏乞休庚子夏以原官回京築圃西郊與同志者陶情詩酒不亞竹林享年八十四歲妻韓氏性賢淑悲痛相繼而卒子翊清任永定令歷任蘄州有賢聲侄翊君孫霆昌以參領從軍恢復雲南各著偉畧次孫運蒸曾孫而恭皆太學生

王重光字星嶽生而穎敏總角時即有慷慨澄清志隨父至都中三韓祖公見而奇之遂愛如己子即命以祖姓遊庠順治丁亥貢舉于鄉戊子初司浙東鹺運倅再由鹺丞不兩載即遷毘陵守拯焚救溺一時士民如獲慈父母繼而剔奸剪弊禁耗惠民嘖嘖政聲爲江南冠御史秦世禎薦牘有天下清官第一之語其惠政所及士民至今思之隨陞衡永道緣總制澤遠爲祖氏的裔循例廻避徵擢雕陳時方多事經畧洪承疇以邉材特題改調

右臨江道旋欲裁置滇南撫軍不果[illegible]決
大獄雪大寃讀無疑案歌滿郊衢遷山西右藩廉
聲益著奉
俞吉畿輔重地必得廉明才畧始可勝任特簡巡撫
順永河保等府戊戌冬聞
俞即叱馭就道其順河一帶民多苦盜下車即發奸
摘伏聯絡保甲頓爾賣劍買犢道不拾遺隨奉
特恩晉秩大司馬重光功在社稷澤在生民不朽之
業自足增耀簡策云

朱鼎新字爾建號雲門由貢士幼沉敏有文武才

大清定鼎授秘書院叅訂典禮校古酌今能聲斐著

時遴隨

經濟王征閩輿帷幄密畫毎料敵奇中决機宜無不立應及閩地平超授左藩時海冦郭天才等戰艘蟻聚郡縣輒復淪陷福州被圍甚久糧餉遂絕斗米踊價三千餘餓殍山積鼎新減口晝兩麥糜建粥廠全活靡算援師五路雲集賊遂宵遁然猶多伏莽時縱奸入城鼓樓解寺月十餘火鼎新行保

甲法十戶推一稽察建裯邏點候有訐柵外者黨
有異狀命捕之得奸黨七千餘謦續辨號羊尾杜
督師欲盡誅反側鼎新謂宜誅巨魁宥脅從慮有
餘孽寄囑腹芳持鏹帛投殺洩其謀果搜妖僧石
田軍師散其衆四萬再拓閩疆不致血刃者鼎新
力居多焉閩人擬謂小范老子後因讀禮歸士庶
環泣百里牽裾頓足未幾得疾年六十而卒
邢大忠字仲安號淇瞻性至孝穎悟不常幼受業
于章旋陽深得王文成之學天啓壬戌成進士初

擢行人行取吏部考功主政疏劾魏黨崔呈秀毋以私親事時三殿告成冒大工功者無算大忠一核以實益中崔魏之忌屢奉嚴旨崇禎戊辰登極詔文選舉賢斥邪有知人之鑑丁艱歸里與劉念臺陶石梁講證人學劉念臺親撰文爲壽有鄭重歷聖之宗傳宏一朝之理學之句又與余煌修三江應宿閘後起江西南瑞兵道禁飭宗藩與豪强之不法者武寧奉新之界山寇李瘦子聚黨萬計大忠躬冒矢石擐甲先登巨寇就擒去之日士民立祠

祀焉歲或旱潦有禱必應尋改四川兵備大忠招
集流亡相度形勢築堡四十餘與蜀寇張献忠戰
遂擒爬山虎一翅飛等賊陞廣東按察司寃滯一
清又會總師宋紀合勦芝蔴龍搖黎諸盗以功陞
本省布政剔弊釐奸國課充裕擢戶部侍郎以老
固辭有證人錄諸書行于錫禎錫祥錫禧俱登
顯秩又從劉念臺講學于白馬巖居孫振綸輩皆
有聲藝林爲世所推重云
姜天樞字及生號紫環萬曆癸丑進士禮部尚書

逢元長子也生而穎敏嗜學工文補博士弟子員泝遊南雍名益噪屢試棘闈售而復失以任子格除都察院檢校擢工部都水司主事旋陞郎中分司北河屬歲旱聞輝縣有泉可引以濟漕躬往啟牐水果大至漕得無阻遂疏請設衛河分司天樞所決之泉奪輝人灌田利蜚語中傷遂逮於獄旣而當事知其爲枉獲釋歸田後娛情墳典有所結撰藝林卽爲傳誦尤嗜聲律所著有曉堂諸集時與高朋逸客倘徉山水杖履逍遙人以香山洛社

擬之生平孝友成性叔道元殉難山左天樞於兵燹中殮其遺骼弟廷渠殂無嗣聞其有孽子寄乳於人亟訪求撫育之卒令成立歲饑亟議捐賑多所全活倪司農元璐久未葬乃捐吉壤爲贈凡好行其德者不可勝紀因子希轍貴遇

覃恩勅封禮科都給事中配錢氏萬曆庚子舉人應期女婉順肅雍婦德母儀譽流中外周卹三黨必先本宗儉約自持綺紈之衣芻豢之食陳諸左右未嘗顧也前封恭人今封孺人享年八十有二子

希軾郡庠生希轍崇禎壬午孝廉令元城以循良
高等擢掖垣前後建白讞獄有聲陞順天府丞繼
補奉天彈壓羣吏撫綏兆民俱有實績可紀至今
輦轂畿輔之間猶想望其丰采配朱氏考選科員
光煕女性至孝奉姑唯謹飲食藥餌盥沐搔抑之
節皆躬親自進率以爲常希轄康熙丁巳舉人孫
垚丙辰貢生候補國子監學正垵壬子選貢曾孫
公銓亦登丁巳榜其餘列膠庠入成均者俱英年
妙選名著一時咸謂累葉鼎盛不能不推於貽謀

之有自云

吳執忠字匪公少時從父越川遊學遼左有文武才受知遇於親王總理政務謀無不協其時親舊散失者悉收邮保聚待哺於執忠者數百家逮邑從

世祖章皇帝入關定鼎丁亥開科取士執忠自以膠庠名宿辭原職就試遂與明經之選任豊潤令招集流亾墾田殖粟期年報最授御史凡所建白惟安民止殺用人慎刑諸疏俱屬報可備兵漳泉值

海澄公黄梧艅艎萬隊飛佽千羣逞兵海上執忠
輕舸入險昭布恩威推置赤心梧即率其所部降
於軍前自是漳海安瀾復成富庶是時各營俘男
婦以千萬計執忠爲之懇請悉還所獲戊戌年備
兵懷隆邊鄙晏清穡人豐殖甫一載即轉儲三楚
適李孽煽亂三省會師征勦供應億萬執忠踐履
行間兵食克裕萑苻迅掃
當宁嘉美執忠功績封父如其官後謝病乞休優游
林下者數十載撫三孤侄應昌與宗典祖俱獲成

立配孟氏

誥封淑人德涵柔順儀著端莊執忠之屢建偉績者氏內助之力居多焉執忠享年七十有三康熙十五年崇祀鄉賢長子興祚以無錫令特擢福建臬司肆眚慎罰共頌明允卽陞大中丞巡撫八閩立綱振紀懷德畏威及陳師海濱兩奪金門廈門悉歸版圖寓折衝於樽俎決勝筭於帷幄贖難婦幾盈億萬歸旅櫬不止千百其忠厚仁愛胞與爲量者類如此特命總督兩粵文武肅其官箴軍民享其

惠澤風鶴無警鯨鯢永息於以奠安烟瘴爲
天子永捍南顧之憂功著旂常名勒彝鼎所稱古安
社稷臣者何以加焉次子與基克紹先緒季子典
都慷慨俠烈名著鄉邦孫輩俱濟濟俊彥而秉鈞
尤恪繩祖武益光世德人皆謂執忠事業垂於天
壤則德厚流光善積餘慶其食報之悠遠自當繩
繩未艾也
唐允思字伯文天性孝友篤於好學父圭嘗罹重
之允思甫有室遭母疾親侍湯藥衣不解帶足不

履房帷者踰三載及母卒哀毁慟哭淚盡繼血幾
於滅性歲時伏臘念及父母輙涕泗横溢終身如
一日也爲文有法度食餼二十餘年教授及門其
成名者數十餘人羣奉爲蕺園夫子順治丙戌舉
於鄉所著近藝舉世推爲準則生平愼交友不欺
然諾有客厠失橐金倉惶無措意欲捐軀相殉允
思遺於塗卽罄所有以助之而去値歲荒祲爲之
量口給食凡好施行善者類如此推宅讓産友愛
之情固不變於終始砥行厲節課子之誠亦無間

於歲時謁選得縣令慶符之命甫下而允思巳易簀矣著有周易傳義詩經圖解行世子四人長賡堯壬辰進士所至有廉聲奉使督學山左丕變士風人不敢干以私其振拔皆一時孤寒名宿齊魯人士翕然推爲文宗之冠孫咨伯咨元咨垂克承家學俱策名於時孫倩羅綸龍食餼郡庠文行醇茂彬彬乎譽著儒林焉

陳景仁字子殷號静公爲人温厚和煦深沉簡嘿父嘉端毋顧氏景仁奉侍庭闈孝養無間待弟景

禮景信友于情篤終身不爲夘蠻登順治己亥進

士

世祖章皇帝御試詩第三引

陛見時簡内弘文院庶吉士旋補吏部驗封司主事

遷本司員外郎廉介自持苞苴屏迹遷禮部精膳

司郎中康熙己酉典試粵東會副主考劉卒于行

所獨任闈事所取士藍焯等五十人俱名宿兼理

祠部郎事時河南二程氏裔請如例襲博士當事

者以久廢厲難之景仁獨建議繕草上宗伯得報

可予世秩如故庚戌擢臨洮府知府極意撫綏招徠殘黎値蘭州旱久不雨景仁一禱甘澍隨之民稱爲太守雨渭源縣向苦包荒親履往勘悉爲蠲免凡數萬畝治洮三載撫字心勞神力俱疲癸丑卒于官署耄穉號慟朝夕炷香泣奠者闐塞棖闠至不能容先是署有一鹿出入常侍景仁輿比逝世鹿哀鳴不食凡七月而止又有三白雉翔集柩前環視而雊如不勝其戚浹旬迺去郡紳士共賦義鹿行白鳥吟以誌異長子庠生有謙萬里奔喪

徒步扶櫬色養毋氏友愛諸弟任瀘州州判廉勤

惠民妻金氏孝奉舅姑生養歿葬俱盡其禮越郡

人士皆謂景仁能孝其親教其子故有謙孝友克

承先志一門之內爲能雍穆和順焉次子有豫列

名國雍幼子有蓄孫奕桂俱英年好學者

陳可畏字伯闓號泰巖順治辛卯舉人壬辰進士

父士俊家教甚嚴動必以禮筮仕廣信府推官廣

信時當兵燹獄訟繁興涖郡之日息盗安民萑苻

悉化丁酉分校棘闈得士最盛庚子擢授吏部司

勳上事遷驗封歷考功郎夙夜氷兢自矢不敢苟
濫尋改御史巡視北城建塚掩骸豪強屏跡及覘
西城剔蠹定役夙弊一清視鹾兩淮風清弊絕南
民兩安己未巡視東城歲大饑就賑者雲集都下
可畏特疏展期自冬迄秋一歲中全活以數萬計
庚申冬
皇上特親試臺垣擢居上等尋掌京畿道事所列奏
章如陳遷海行鹽免餉守合數十疏俱侃侃有古
諍臣風辛酉卒于京都位不副德時人惜之所著

有思補堂集十卷西堂疏草十卷癸丑歸山陰同
脩郡誌有三山放言八卷一子銓部大經積學鴻
才能世其業
沈亂箎字康臣號肯齋髫年即遊庠食餼以制藝
有聲四方文章之士皆把臂定交屨滿戶外事父
毋克殫誠孝及歿哀毀幾不欲生繼而思曰九原
不可作惟有顯身揚名以報恩於罔極耳下帷自
勵四躓棘闈康熙甲辰冬授例入成均折節讀書
丙午領鄉薦丁未即雋南宮授秘書院撰文中書

舍人服官甫四月遇
兩宮加號得邀封贈纂脩
世宗章皇帝實錄告成加級壬子科典試江南焚香
自誓簡拔眞才丙辰狀元彭定求出其門其餘登
翰苑克史館者不可勝紀皆謂単寒茂學盡入彀
中江南科目之盛本於主司廉明翕然頌其得人
云癸丑秋擢刑部廣西司主事舊典凡新任刑曹
有提牢之役適叛案繁興刎爰書者盈堦亂鋃鐺
目傷心遇所平反輒喜否則哀矜嘆息終夜弗寐

卒之日猶負疾入署視事勤勞年五十有二通籍十載室無儲粟人共賢之胤範性喜藏書手不釋卷長於樂府詩歌著有采山堂詩集行世至於諸奚囊未登剞劂者尚盈帙也更善書法凡晉唐名帖日夕臨摹故能鍾王逖楷譽重一時至於古文六書奇字音律悉屬通曉羣稱其爲博學君子焉子五杲庠生侯選州同五槃庠生兄弟二難時人擬諸康樂惠連媳周氏翰林院侍讀鳳翔之子官生玉忠女鈕氏文學啟旦女俱有賢行孫四人煥

世焻世炳世爔世長孫女字瀘州州判陳有謙之子奕桂

徐化龍字在田十八歲遊庠每試輒冠軍文戰十餘科艱於一第年已五旬捩策北遊登順治乙酉舉人丙戌進士任河間府推官平反得情無縱無苛苟可釋罪出辟者無不超豁撫按交章列薦卓異第一授兵部武選司主事部堂有疑難積案親授發審剖斷如流無不悉中秩滿轉河東鹽運司運同舉善政去積弊商竈啣恩逐卽陞福建鹽法

道優游樂易惟以休息爲事國課几盈私販盡絶有一商犯夾帶止取其捆載而秤掣之不忍籍其貨商民相與立碑建祠化龍矢志林泉澹任一載乞休歸里足跡不入城市凡私事干謁俱爲嚴絶惟雲山蒼蒼江水泱泱相爲晨夕而已日與耄年兄弟姻友彈塞吟詩稍暇往柯亭放生池笑譚永日精神矍鑠往還並不携杖宦橐蕭然所餘唯屋數椽並無長物每囑幼孫曰樂道守貧分內事詩書苦志是良謀又曰居安方自得爲善復何求自

巳亥歳解組至康熙壬戌仲冬二日而卒享年九十有四化龍立心制行無不出以至誠仁厚累登仕籍而謙恭遜讓弗異韋素易簀之時預知其兆卒後十日里民劉韜夢化龍金冠絳袍儼若神人儀從侍衛者數百呼韜謂曰寄語世間存善心行善事說善言爲善人禍福在乎自致報應有甚不爽者也化龍子孫俱恪遵先訓無忝繼述云

余應麟字澍生號沛蒼清介性成食餼於廩入膠庠者二十餘年執友多貴顯未嘗稍干以私生平

禮義自持爲人所欽服刻苦力學絶無慾元康熙巳酉始獲雋癸丑成進士除內閣中書大學士熊公賜履雅重之曰視子器品當於古人中求之及擢池州府同知丁內艱歸里探索大全性理精奥其於富貴紛華澹如也每月旣望偕從父國瑞從弟應雲詣柯亭放生菴會集徐化龍周玉忠周盛雅陳有棫諸人講求濟人利物善果惜乎天奪之年不得終竟其志識者傷焉

陳必成字德千登順治乙未進士除戸部河南司

主事榷崇文門稅事峻羨餘一萬有奇悉輸於官
於康熙甲辰武會試同考所得士技射策語俱優
遷刑部山東司郎中平反矜疑超豁無辜甚衆已
西湖廣試甄拔眞才庚戌遷雲南學政孤寒吐氣
夙弊一清其崇實行變士風却陋規絶情面屏歲
貢之營求拒儒童之餽贄咸謂近代希見任滿入
覲諸生躡屩不遠千里號泣追送其得士心者如此
禮部以稱職註考俟補叅議南還至越杜門却掃
不與外事清介之節老而彌篤與物無忤恂恂自

下光風霽月庚發近之性秉純孝恒以父識不逮
爲恨茹痛唧哀課督諸孫思永思孝思友輩以詩
書晨夕弗輟卒之日人爲流涕俱云無慚先達令
失我典型也子繩祖貢監考授通判溫恭和厚克
繼先緒云

明金應鳳字伯翔號嶧桐萬曆甲午舉人戊戌成進
士授深州知州值大旱捐俸贖以賑饑荒嚴詰盜
藪民皆從善城外滹沱河漫衍橫流皆成巨浸應
鳳晝夜焦思營堤氾濫水患始息羣感其德爲立

生祠焉又自旱而潦飛蝗蔽天命分道捕蝗且以
米易蝗不月餘塡蝗盈坎得免於害湓任六載以
卓異循良擢虞部員外郎進膳部郎中因丁內艱
服闋補客部郎更儀制裁朝鮮濫乞之奏定歲考
事宜之條在朝俱服其偉望擢山西叅政治兵昌
平總三路事嚴覈兵餉禁止餽遺攝霸州篆數月
而完數十年不結之事幾六百更署密雲治如薊
乃振刷過之獲劇盜釋無辜擇將帥定偏裨當講
者俱欲推以節鉞因陽和爲孫營要衝宜鎮以[illegible]

臣遂擢山西右布政移鎮介乎宣大之門不半㟁至古平城詰有司佐貳之侵尅歲積六萬餘羨晋廣東左轄而督撫以應鳳才畧優裕具疏題留改山西藩長陽和人相慶曰我公果借寇耶然應鳳聲望愈隆而忌之者衆至於左轉量調董制臺重惜此去爲之墮淚軍民奔哭者殆數萬人居庸亦爲建祠解組歸明農課子及疾投以藥則弗飲毫無繫戀脫然而逝殮之日顏色如生享年六十有二應鳳歷任中外二十七年勞瘁盡職祖父贈典

如其官配張氏贈淑人繼配張氏封淑人俱有令德男弘祚弘祐弘禎弘初弘禕貴庠列名恪承先志孫薾濟濟均極一時之選孫女筠字松友幼以孝聞及適文學吳錫祉眉案偕莊敬事舅姑且工詩善畫各極其勝越中推閨秀者必以筠爲女宗云

張星字茂仲號受菴少孤讀書輒成誦寄燕邸年十九舉孝廉公車十七載崇禎庚辰成進士授翰林院編脩順治間仕滁和道安民戢亂建學築城

巡按監臨二御史交章合薦聲望赫然滁人祀之生平喜著書有四子蒙書人物備考註通鑑繹顏子并四書心鉢詩經心鉢行世晚年愛逃禪有法華刪解楞嚴註䟽準提掌果諸籍壽七旬有三妻沈氏生子愷庠生孫儁英年補弟子員好學能文見稱於世焉

皇清姚啟聖字熙止號憂菴年十四赴童子試邑宰黃鳴俊命七題啟聖援筆立就鳴俊嗟異良久拔置第二及道府二試俱目爲公輔之器名次與縣

試等宿學皆推爲赤幟丁父艱勺水粒米不入口
宗老競勸之始入饘粥服闋挾策遊都門時叔父
楷登
世祖章皇帝龍飛鄉榜授鄆城令任滿家居見啟聖
日子以經國之才可使淪落不偶乎楷向隸鑲紅
旗尤佐領下乃上啟聖名與試復補弟子員登康
熙癸卯賢書名第一任香山令甫下車有海洋劇
盜萬餘大爲民患乃单騎入巢諭以忠義盜遂散
次年偶因詿誤即[illegible]後雪僑居於粤寄情詩酒康熙

甲寅滇黔倡亂閩逆效尤聲勢洶湧所在淪陷啟聖集向所解散勇敢士率長子儀至越之暨陽會和碩康親王以大將軍督師在越遂往屬焉統所部攻紫閬山朱德甫屢敗乞降敘首功授溫處道僉事視事之初即捐金贖取難婦給民完聚隨攻石塘關破其壘輙由松溪入建寧會師延津遂平八閩擢福建布政司然上游雖入版圖而下游悉爲鄭經所據且劉進忠韓大任嘯聚汀潮啟聖持籌握筭悉令嚮化

天子以閩事孔亟非文武才不克勝任命總督全省
軍務郎繕平海十䟽奏報
可於是運軍糈禁濫派創脩來之館懸重賞之格水
陸歸降者日以千數又命儀率自膳兵畧長泰同
安諸縣泉州解圍
朝廷念其勞績授兵部尚書又授正一品啟聖所得
降人皆推心置腹平陽鎮總戎朱天貴尚在海洋
一日率樓船効順啟聖乘勢破十九寨取金廈兩
島恢復海澄縣劉國軒宵遁顧海疆底定形神俱

山陰縣志卷第三十

人物志八

理學傳

（補）舊邑志理學之人故傳缺焉幾彭山龍谿親受業於新建遂爲師門盧鄭而私淑其教者嗣有張陽和及劉念臺二人忠孝卓越皆克著之躬行豈僅以道學自命者可比隆萬時講學山陰其所變化成就者又不知凡幾詎可以四人而見少耶

（季本）字明德號彭山少受春秋於其兄木遂以經

名諸生中弱冠舉於鄉尋丁父母憂家居十二年
名士俱受業其門文長徐渭其高弟也於書無所
不讀每讀一書必竟其顛末乃已已而師事新建
獲聞致良知之旨乃悉悔其舊學而一意六經潛
心體究久之既浸濫懼學者騖於空虛則欲身挽
其敝著書數百萬言大都精考索務實踐以究新
建未發之緒歷仕與處從游者數百人時講學者
多以自然爲宗而厭拘檢因爲龍惕說以反之大
都以龍喻心以龍之驚惕而主變化喻心之主宰

常惺惺其要歸乎自然而用功則有所先間以質
諸同志或然或否卒自信其說不爲動始以進士
理建寧務在平反無成心及召爲御史以言事謫
升沉者二十年止長沙守其爲政急大節畧小嫌
絕不知有世情卒以是齟齬而歸歸二十餘年家
徒四壁立借居禪林以著書談道爲樂卒之年七
十有九矣疾且革猶進門人于榻前講學孳孳如
平居時其爲人表裏洞達無城府人人樂親之歿
既十餘年而鄉人士益思慕不巳相與建祠禹蹟

寺西林顏日景賢又買田若干畝以供祭祀所著書十一種廟制考義春秋私考讀禮疑圖四書私存孔孟圖譜樂律纂要律呂别書著法别傳說理會編詩說解頤易學四同凡百二十卷藏祠中曾孫璜字彝仲以明經授大名府同知文章政事具有可觀

王畿字汝中學者稱爲龍谿先生正嘉間王文成倡明理學以致良知爲宗畿首受業焉弱冠領鄉薦後試禮部獲雋不就廷試而還時文成以來學

甚衆不能徧指授屬纖分敎之文成論學每提四句爲教法無善無惡心之體有善有惡意之動知善知惡是良知爲善去惡是格物纖謂師隨時立教謂之權法未可執定體用顯微只是一機心意知物只是一事若悟心是無善無惡之心意卽是無善無惡之意知卽是無善無惡之知物卽是無善無惡之物蓋無心之心則藏密無意之意則應圓無知之知則體寂無物之物則用神天命之性神感神應惡固本無善亦不得而有也時文成將

有兩廣之行晚坐天津橋上因以所見請質文成曰四無之說爲上根立教四有之說爲中根以下立教汝中所見是接上根人教法但吾人凡心未了雖已得悟不妨隨時用漸修工夫所謂上乘兼修中下也暨文成平思田歸卒于南安聞變不赴廷試定服心喪三年畢壬辰始赴廷對時閣應常科道之選顧引之不應授南職方主事夏貴溪議選宮僚其壻首薦畿亦不肯往投刺貴溪遂大恨詆爲僞學故名雖高仕竟不達然終不以是動心

而孳孳以講學爲務所至接引無倦色卒年八十有六

張元忭字子藎號陽和父初爲儀部郎忭從之邸識諸縉紳臧否値楊繼盛死輒爲文遥奠而哭之悲憤激烈聞王文成良知之説油然有悟日究心理學戊午舉於鄉隨築室龍山與朱賡諸大綬羅萬化讀書會父以雲南武定功爲忌者所中詔逮訊元忭單騎馳京師白當道始得救免旨下則又單騎馳慰舂一歲而旋遶南北者三時年踰三十

髮種種白矣入成均太倉王荊石以國士遇之辛未舉進士第一官修撰時上御極客星經天御史有以直言放者疏救之亡何聞父病乞省親歸侍膝下衣帶不解十閱月前後丁父母艱哀毀骨立及爲經筵講官進說多所裨益先是登極覃恩痛父以被黜不得與上疏請以已應得誥贖父罪詔量予冠服又疏請封父不允再言不允且體素羸遂病卒其生平以忠孝自許講學爲急務云世之學王文成者多事口耳乃以力行正之又言朱陸

之學本出一源取朱子詩摘其與文成相合者彙成一編書出而異同之說始息性剛介不肯媕阿江陵相張居正秉政朝臣多附之元忭實出其門獨恬然自守歲時旅進一謁而已至議條鞭法及兩賢祠四先生祠未嘗不極力言之尤篤于親族多待炊者每鍵戶鮮出惟集四方學者辨人才商世務國家大典除必反覆致詢曰此即是學一時咸期以公輔惜乎壽止五十一官止左春坊謚文恭從祀鄉賢所修有紹興府志會稽縣志所著有

雲門志畧山游漫稿槎間漫筆皆行于世又有不
二齋稿志學錄讀尚書攷讀詩攷明大政記藏於
家
劉宗周號念臺父坡早卒宗周爲遺腹子家貧母
章氏煢煢相守萬曆辛丑登進士授行人時顧憲
成講學東林群起攻之乃疏稱憲成之學歸于自
反遂有議爲東林黨人者因以病歸歷蹟林下十
餘年授徒講學光宗踐祚起禮部儀制司主事首
叅魏忠賢客氏有旨杖六十首輔葉向高救免止

奪俸時婦寺專權日甚復以病乞歸再起右通政
旋華職崇禎登極召爲順天府尹一時豪強斂跡
會京師被圍米價騰貴乃請罷九門稅修鋪房以
處貧民煑粥救老疾嚴行保甲法復請除詔獄蠲
新餉爲祈天永命之本俄而求去後枚卜入對言
上求治太急用法太嚴布令太煩進退天下士太
輕上不懌除刑部侍郎又疏陳激切并及新授吏
科陳啓新忤旨會閣臣以馬價空匱請蠲助獨
疏禁天下之言利者并陳刑政舛謬數事上怒以

爲比私亂政革職尋起爲吏部左侍郎陳聖學三篇諷諫上悅遷左都御史時大計有中書爲人行賄發覺置之法一時風紀肅然已而救禮科給事中姜埰行人熊開元之寃忤上意御史有薦西域人善用火器者宗周奏曰國家大計在法紀不在火器上弗聽及問國家如何整頓對曰禦敵必先練兵練兵必須選將選將必先擇賢督撫擇賢督撫必先吏兵二部得其人如此可使庶司稱職矣然其要在文官不愛錢武將不惜死又反覆中[illegible]

姜埰熊開元上以偏黨詰之革職歸甲申三月聞
燕京寇變將爲崇禎發喪被髮芒屩手執鐵叉向
院道府慟哭以流寇之變身未復讐爲憾次年入
鳳林道赴水有舟人援之起暫憩靈峯寺遂不食
作絕命詞閉目端坐不出一言絕食十有三日卒

陰縣志　卷三

人物志

終

明

謝德明　宋尚書龍圖學士昂九代孫也溫恭孝友究孔孟之眞傳參朱程之奥理洪武三年徵爲紹興儒學訓導子文保博學偉藴亦於洪武初年徵爲會稽儒學訓導父子合德教育人文講學于蓬萊鑑水之間四方從遊者甚衆越郡文章理學自德明而丕變其風云

孫德卿　號震湖行誼端方讀異書有奇才洪武六年當事薦舉爲教授後陞蘄水王府審理老成練達王嘉其賢賜榮壽堂額以旌之

錢金字克義父蒙菴先生隱德弗耀姚韓氏宋魏國公之後也金生有異質長博經史遊郡庠貢赴京師正統辛酉領應天鄉薦授濬縣學教諭鼎新文廟復脩治子貢墓祠改香河陞彰德府教授時學地三千餘畝久被民侵金勾稽學籍悉究復之故士養益充門下彬彬可觀由科第而顯者彼此相望河南廣西聘金校文拔士頗多以子輪授潼川州守引疾歸年七旬有六配沈氏有懿行脩脩婦道年八旬有二合塋於栗樹灣何家塔山之原

威寧伯黎陽王越爲之撰墓誌銘

〔錢翱〕字仲舉號南坡九江郡守蘭齋公士宜子也母祝氏翱聰穎絶倫秉性忠厚讀書目數行下日夕耽嗜經史手不釋卷善體父教甚精於易髫年即補弟子員歷試棘闈者九未售貢舉入京師赴闕廷試首擢任邳州學正捐已貲修葺宫墻與士子課文講藝解究周易諸書一時諸君子尊之若師親之如父乃相與立其祠曰錢夫子考最陞宿松縣令仁心惠澤遍於境內一時有循良之稱享

年八十二楚平水正山曾孫維籓敦學力行譽隆膠庠元孫廷枚勤於經史積勞蚤卒配孔氏矢節秉貞撫育孤子文廣宗黨賢之次元孫爲鼎冠軍入泮每試輒前茅文章所著本諸踐脩名符其實豈在侈美浮華以是知貽謀繩武淵源相接者之深也

劉竟中字子庸少與從兄宗周齒相及各以第一人自命曰吾兄弟當于山會兩邑各樹一幟耳及應童子試果皆第一竟中則山陰邑令耿庭柏折

拔也萬曆丁酉大比學使者伍公各拔充附應試
宗周擿去而竟中不售宗周慰之曰第文可奪命
偶屈不足爲意益自負讀書石池精舍文籍滿架
於古文不求甚解取獲我心而已屢躓浙闈歎曰
文豈能奪命吾當赴二吳講求性命之學耳時周
海門先生在南樞許敬菴楊復所兩先生並官南
部論學不無異同竟中屢與論辨而新建宗風益
振歲戊午大司成施公鳳來試南雍取許爲天下
士雍藝傾動都人而南闈復蹶及子明孝崇禎庚

辰成進士始歎不于其身于其子爲不爽也明孝行取臺班受封文林郎益潛心于濂洛淵源朱陸同異與忠正公晚年確訂有心學旨歸性理斷疑蕺山證道諸集行世後學奉爲師宗云

張鉉字孔時別號自菴在宋忠定公詠家濮陽其四世孫伯義以御史言事謫尉山陰遂家焉累世閥閱皆以理學顯父一坤仕江西右藩嘗受業王文成公所謂浮峯先生者也鉉少授書師談以取富貴輙怫然曰學將以求道耳聞浮峯公誦說文

成必慕之年十五補諸生再中副榜以恩貢授晉
國府左長史王故賢者鋊論政治得失古今人臧
否六籍同異慇懃備至王世子以下奉之有加禮
國人賢士大夫爭來就學王甍乃歸是時劉念臺
陶石梁二先生講學陽明書院鋊與之左右一善
片言必錄所著就正編主山樓諸集念臺最畏愛
之年八十有二念臺及門人私謚曰正學先生
皇清張廷璧字星野八歲能屬文讀書十行俱下性
孝友尤潛心理學布講蓬萊閣上四方從遊者數

百人間遊京師負笈雲集與同志者入西山研窮
性命之奧訓子不事章句必以忠孝大節爲本故
其季子大中丞尚悉凜庭訓卒成　開國名臣至
若抱膝而多著述處困而勉施與廷璧之懿行尤
未可殫述也遇
覃恩誥贈如其子官
周有鳳字仲劌號九苞博古淵茂弱冠遊庠試輙
冠軍屢躓浙闈因遊北雍張憲松倪鴻寶二先生
延課其子崇禎庚午冒居梁公薦有鳳拗首不得

抑置魁不得曰此衘獨也將尺凖淹之乎止不呈壬午乃中式任錢塘教諭著作甚富止以許左頡言行於世年六旬有二論者稱有鳳之爲人渾金璞玉如巨源光風霽月如濂谿說足解匡鼎之頤教堪擅蘇湖之座一子經錡肅承父訓爲能敦樸以砥礪其品詣焉

山陰縣志卷第三十一

人物志九

忠烈傳

吳鍾離徇牧之子拜偏將軍戍西陵與監軍唐盛論地勢宜城信陵爲建平援不然敵將先入盛以建平將施績有智畧而不言信陵當城弗從後晋果修信陵城建平遂危及吳亡徇領水軍力戰死

晋張茂字偉康少有志行初起義兵討陳斌郡賴以全元帝辟爲掾屬太子衛率出補吳國内史沈充

反茂與三子並遇害茂益爲太守周札將軍充害
札益亦死之茂妻陸詣充謝朝廷贈茂爲太僕

梁王琳字子珩本兵家子以梁元帝內戚得爲將帥
帝爲魏圍逼徵琳赴援師次長沙聞帝遇害乃率
三軍縞素陳霸先既殺王僧辨擁立敬帝徵琳不
赴乃大營樓船將圖義舉霸先遣侯安都周文育
討琳逆戰於沌口敗之擒安都文育遂克江州及
敬帝被弑琳乃請于齊迎永嘉王莊于民間方七
歲立爲梁王而輔之舉兵東下與陳師遇琳乘風

舉火擲敵船風忽逆反燒遂大潰琳乃奔北入齊齊以琳爲會稽郡公陳將吳明徹攻齊琳與將軍破胡禦之破胡不用琳計輒大敗琳單騎走彭城明徹進兵圍之堰淝水灌城城陷被殺百姓哭聲如雷有一叟以酒脯號酹盡哀收其血懷之而去陳人懸琳首于建康市故吏朱瑒致書徐陵請許其葬瘞八公山側會葬者數千人尋有壽陽人茅智勝等密送其柩還鄉里　祀鄉賢

張彪居若邪山中時臨城公大連出牧東揚州以

爲中兵參軍侯景將宋子僊攻下東揚州還入若邪山義舉貞陽侯卽位以爲東揚州刺史陳文帝入會稽彪擊走之沈泰申進等共叛彪彪敗遂與弟崑崙及妻楊氏還入若邪山一犬名黃蒼在彪前後陳遣章昭達領兵購之并圖其妻劫來黃蒼便齧一人中喉彪眏火識之曰卿須我者但可取頭誓不生見陳蒨謂妻楊曰我不忍汝落他處今當先殺汝然後就死楊引頸受刀不辭彪不下刀便相隨下嶺彪謂楊曰從此而訣若見沈泰申

進等爲語功名未立猶望鬼道相逢劫即殺彪并其弟害之彪起于若邪終于若邪及妻犬皆爲時所重

宋趙孟崧福王與芮從子元兵入臨安孟崧謀舉兵事泄被執至臨安范文虎詰之孟崧詬曰賊臣負國共危社稷我帝室之胄欲一刷宗廟之耻乃更以爲逆乎文虎怒驅出之過宋廟呼曰太祖太宗之靈在天何以使孟崧至此杭人莫不隕涕既死雷霆晝晦者久之

明陳性善洪武中以策試傳臚唱名過御前舉動凝重閑雅太祖屬目久之謂侍臣曰向唱名陳性善者君子人也賜出身授行人司副已而入翰林爲檢討嘗奉勑入內閣錄劉太史秘書時天威嚴重借進見者皆震恐失措性善獨俛首從事從容詳愼既竣書法姸好太祖甚悅未幾超拜禮部左侍郎固辭謝不許乃就職薦賢爲己任皇孫在東宮時已熟性善名及卽位察先朝舊臣無如性善賢悉心委任嘗賜坐問治天下之要所宜施于今者

性善條陳世務酌其緩急先後奏之悉見施行旣
而行不竟性善又切諫謂爲法自戾無以信天下
成祖靖難師起大戰白溝河李景隆潛納欵性善
時爲監軍知事不可爲躍馬入于河死之後加追
戮從其家于邊尋悟其忠悉赦還
黄里字德鄰幼有大志以節義自許從王冕學通
春秋三傳工詩詞洪武初舉明經授雲南州同知
七年邊寇突入倉卒里以身禦之寇欲奪其印里
執弗與且詬駡求死遂遇害其弟亨率衆退寇城

賴以全亭別有傳

龔全安字希寧其先金華蘭谿人從父可平戍越遂爲越人補郡博士弟子以進士起家授工科給事中在言路能舉其職擢通政司右參議轉左通政歷官以淸謹聞凡遇奏對從容詳雅天顏每爲之怡懌以是頻得褒諭正統己巳從駕北征次土木駕陷全安死之景泰改元朝廷嘉其忠遣官諭祭贈嘉議大夫通政使錄其子廷輝爲刑部官

郁采字亮之幼警敏向學不輟性狷介寡合所交

遊必有行檢可相　麗澤者正德戊辰登進士高第
授刑部主事在職勤慎奏讞詳明時臺長恣威陵
屬其屬釆不屈竟附吏議奏謫大名教授大名學
政久弛釆整設教程業務敦本士習一新遷裕州
同知適流賊起河北虐熖南熾釆浚城池固守賊
騎至城下州守欲棄城去釆止之曰公第坐守備
禦事釆任之仍謂所親曰今事勢如此吾生則爲
功臣死則爲忠臣矣或謂大夫人在堂君奈何死
則戒勿復言曰徒亂我意耳使我偷生歸豈孝耶

載妻子託其友儀賓莊士儁于南陽與書爲永訣且曰僕欲苟免家累者恐重傷老母心也乃率素所練士登埤復遣騎擣賊獲其俘必手劒擊之歷二旬晝夜不假寐每以義激州人州人無不效死者相拒既久賊乃悉衆來攻勢益熾城危釆自縶其東郛守開門潛遁賊擁入釆還救巷戰不勝被執奮罵賊裂其口輔殘其體事聞詔贈光祿寺少卿錄其子遣有司諭祭裕州立祠祀之

張名世字今我三江所人中萬曆乙未武榜歷官

至雲南都司滇池民苗雜處苗長阿克擁兵結象
陣陷武定府及一州三縣名世奮擊之一日盡復
其地忌者謂其搗賊巢當多獲金寶思重賂不得
因誣爲冒功入刑部獄督師特疏出之期以立功
時邉帥擁重兵者乘間遁歸名世曰吾受國恩且
以纍囚起爲上將不能報國何用生爲遂死于陣
中贈中軍府都督蔭一子

丁乾學字天行號自菴萬曆己酉中順天舉人己
未成進士授庶常尋以檢討充經筵講官天啓壬

戊科會試分房甲子以侍讀學士典試江西並稱得人時閹宦魏忠賢竊柄乾學抗疏糾參權璫幸閣臣疏救降級調外忠賢啣恨摘其試策謗訕時政既削職復矯稱駕帖差理刑指揮高守謙等緹騎逮訊乾學辯論侃侃被拷掠垂斃延數日卒崇禎初弟時學具疏叩閽刑部丁啓睿等題覆有卹典贈禮部尚書諡文忠蔭一子所著有擁膝齋文集行世今武林忠節名臣祠列其人

陸夢龍字君啓號景鄴萬曆癸卯登賢書庚戌進

進士初授比部時有盜皇木者淮撫李三才庇之
罪戌七商夢龍出其寃及朝有挺擊之案告大司
寇曰斬張差斃寺人法止矣典試東粤所得士皆
名士陟粤西督學不徇一情稍遷九江巡道大盜
集彭蠡湖設法盡殲之尋遷貴州道黔賊由普定
州渡廣陸連四十八營總兵魯欽等束手夢龍麾
部將督戰而後軍不應乃與二僕一胥大呼突出
斬賊八人再督諸將敗退之又平溪賊叛身率精
銳二十九人斬獲百餘時粤帥媚璫建碑潛列其

名呼石工急鏟之後遷兖東道東平巨盜方熾蒙
龍夜半引壯士突戰手办數賊賊走曹濮間列五
營十八寨再令部將聶定邦等前後破之又驍賊
王小五等出入武城集斬其渠魁兖西悉平旋築
東平城奉調陝西固原時流寇自豫入秦崇禎甲
戌夏犯固原擊之去又犯秦州馳救之秋入靜寧
州以師堵勦又遁去及陷隆德隆德本非所轄檄
將賀奇勳石崇德等禦敵乃偵者妄傳賊不滿千
而猝遇數萬干老虎溝我兵止三百人方欲依山

爲勢以待援兵乃賊衆矢石如雨勢不可支賀在
兩將抱之泣蔓龍曰何作婦孺態大呼而出手办
數賊賊併力夾攻遂與賀在二將俱遇害時崇禎
七年閏八月初一日也踰三日覔得其屍面中刀
一髮際中刀四頸中矢一右臂鏃俱入骨顔色如
生是年五十有九贈太僕寺卿予廕給祭葬謚忠
烈士人立祠祀之所著有易畧四書解憨生集黔
行錄

吳從義字虞清崇禎巳卯舉于北闈庚辰成進士

授陝西長安令居官耿介會闖賊突至從義佩刀
擐甲晝夜巡守適内親送繼室胡氏至誓不成婚
志在以死殉國及叛兵開門納降城陷即縮印于
肘投井而死賊爲咋舌具棺以殮無子崇禎十七
年優詔恩邺

周鳳翔字儀伯號巢軒年十九以羲經獲雋崇禎
戊辰成進士讀書中秘後出典江右試以公慎稱
授南少司成時大司成許朗成爲小人所恁特疏
申救自是權黨相繼用事罷斥黃道周諸人于是

感憤草疏極言舉朝咸爲悚惕時南雍學政久靡夙翔整飭監規一遵初制南國人才之盛爲數十年來所未有及充日講官毎諷切時事忠愛形於詞色俄而寇渡河北京師震恐即寓書家人誓在必死至寇氛日逼軍需告匱朝議欲斂民財上疏云今日事勢止宜發帑以安人心不宜搜括民財無何寇薄城下甲申三月十九日城陷傳崇禎蒙塵彷徨兩晝夜廿一日聞訃擗踊號慟捉筆爲遺書三一謝父母一慰兩弟一諭子玉忠作絶命詩

曰碧血九原依聖主白頭二老哭忠魂遂沐浴衣冠再拜投繯而死

周崇禮號敬生少有奇氣通經史奉孀母至孝崇禎七年任滎陽縣典史時流寇熾甚屢陳繕禦計縣令楊節不聽八年正月寇萬餘薄城縣令走禮守小西門賊駕樓車逼城堅守賊知將用大砲破南門衝戰殺賊無數死之大風作霾廢皆血蒙沙土面目莫辨禮刀箭遍傷顏面如生巡按金光辰請於朝賜祭予死事地方建祠報國坊祀名宦

祠

趙嘉煒由監生授四川成都府郫縣主簿崇禎十七年五月到郫未及三月值献賊之亂蜀有都江大堰不在郫而在灌灌去郫二十餘里簿職宜守堰嘉煒謂是蜀人生命所關遂晝夜廵守有告以天社閒可避弗聽竟遇賊誘之降不從乃赴水死嘉煒子覓父尸遇堰卒應泰知其沉于安家口乃封土以居幽魂登其事于成都府志撫院及知府張冀競爲旌之

皇清茅生蕙十八都人順治四年間授狠山總兵以威畧聞八年總統三省官兵赴粵勦賊適糧盡矢竭被擒罵賊不屈至割舌剔肉而死

陳三益字友芝號謙受世居山陰漁後村少有大志不屑爲尋章摘句之學常從觀古今史傳見忠臣節烈必流連反覆三致其意焉及長遊京師入太學以上舍考授中牟丞是時爲明崇禎十有三載適河南連歲旱蝗野無青草中牟無山澤之利可以佐荒政貧民至父子相食富者閉戶自保邑

長謝病不出盖盡發其橐中之貲爲餔糜以拯饑羸不給則繼以家之釵珥富人感動間出其倉囷以賑得全活者萬有餘人既而闖賊大熾雍豫青徐之間攻城畧野殆無虛日長吏多觧印綬鼠竄苟免民相聚爲盜嘯屯蟻聚盖威信素著集丁壯築堡濬濠鄉村亦立砦栅共相保助民藉以支旦暮幕府推重榦畧奏爲儀封令仍兼中牟後李賊盖張開封地最衝要善宦者不敢至焉若封丘若原武皆無令長盖嘗兼攝數印總領民兵往來數

百里之中首尾救援轉戰四載畧無倦怠巡按東
君奏之于朝將　加不次之秩而李闖已破都城僭
號改元矣既而賊使北至親故共勸出迎以保富
貴盍感憤引斧盡碎其所佩印不屈而死後南都
有知其事者疏列于朝欲加褒贈以齟齬不果子
必成成乙未進士累任至滇南學使叨　國恩得
蒙勅贈　河南清吏司主事
明金應元字爾介在娠十四月而生故號堯門弱冠
母姚氏卒哀毀骨立事父孝養備至天啓辛酉舉

順天鄉試崇禎甲戌謁選得太湖令時流寇猖獗太湖無城所親或沮之應元毅然曰吾受命即守土臣也星馳履任竭力爲守禦計乙亥春寇驚祠陵吏民咸譁欲亡應元抽刀斫坐几曰敢言亡如几令茲與諸父老子弟共存亡耳乃勑子弘請兵幕府而身與諸生耆老論古忠義事以激發之有勸令暫避者應元仰天長歎具衣冠望闕拜曰小臣元職守所繫不敢以無城擅離惟有一死以報朝廷耳復大書于壁曰大丈夫頂天立地當捐軀

報國斷不爲兒女子所累擔閣一生賊至應元猶率民捍禦以印付勇士繳府身與數人衝賊鋒刄交加仆地被執賊問爾何人曰我縣令也賊怒曰爾何不跪應元厲聲叱曰我朝廷命官豈爲鼠輩屈耶賊令刲其耳曰我死且不懼何有于耳罵不絶口遂寓害冢孫兆嘉年十五歲奮身救護并死事聞詔贈光祿寺寺丞廕一子賜祭葬康熙三年太湖邑生周繼志等呈請配祀縣庠孫遜遠兆昌曾孫廷獻漢泮等輯其事爲祖孫殉忠錄行世

胡上謂字士崇禎癸酉副榜貢士與兄師錫同私淑王文成先生以理學自任甲申因考選偕師錫羈燕闖賊破都城拷掠諸當路薦紳士謂與師錫爲牛金星劉宗敏二賊所拘勒授僞職令作燕子鄉且曰若願仕步從東不願仕步從西二人皆西走師錫遇害士謂收禁會監守少疎得脱毋欲剌殺闖賊不得間旋里日足被夾尚作跛態責志以沒所著有理學諸書不傳于世子昇平姪洪乾俱列于庠有文名

鄒光祚河南商丘縣主簿崇禎十四年三月二十六日闖賊李自成入寇光祚守西門城陷戰死城上姪宗道亦被殺

朱邦聞湖廣房縣主簿崇禎十二年五月二十九日賊張獻忠羅汝才攻城城破被執罵聲不絕遂致見害事聞贈鴻臚寺寺丞

皇清王之鼎字公調號燮卿順治丁亥進士授祁令撫綏殘黎俾皆復業戊子冬姜襄變逆廣募鄉勇防守甚嚴賊遣僞總兵范計率衆攻圍之鼎用計生

擒賊忿怒百道兼攻衆寡不敵力竭被執罵不絕
口遂遇害奉
旨贈山西按察司僉事賜祭葬廕子紀入監授國學
正歷任徐州知州所至有惠政民感思之孫瓚琦
刻名成均瑛縣令
薛人鳳字仲輝任夔州府通判未幾即遭逆叛勒
授僞職抗節不從被賊慘戮於市蜀撫杭愛具題
奉
旨贈四川按察司僉事給祭葬銀百兩遣官致祭廕

子文楸入監讀書

王質字[redacted]任陝西鍾祥縣典史隨征四川壁渠縣令任事未久即遭叛逆勒降抗節不從慘戮殉難蜀撫杭愛題請優䘏奉

旨贈四川按察司僉事給祭葬銀百兩蔭子嗣忠入監讀書

吳師貞字雨吉庠生膂力過人忠誠素著值閩寇煽亂總督郎公聞其名檄取授守備所遇輙獲提

題給部劄守要地適逆犯界師貞以數百人敵數

千衆奮勇衝突卒中炮火死次子聞父變率千餘騎衝殺覓父屍亦死之長子貧居駕舟度日女適太僕卿胡琳曾孫文若贅居甫三載文若死有勸之他適者氏截髮撫孤守志不渝人皆爲忠孝節烈獨萃于一門云

山陰縣誌　卷三十一

五

儒林傳

劉樽字元器號翠巖生而警穎不凡正德丙子補諸生已而屢試屢出諸生右文益有聲爲人師尸屨恒滿諸弟子成名者甚衆樽以詩書起家家漸饒不屑屑爲生殖計慕義好施其事二親友昆季絶無間言晚主祠事三十年公正無私郡大夫聞其名辟舉鄉賓太史張元忭爲之傳迄今子姓繁昌益徵樽積厚之所致也

朱觀字賓國文淵曾孫累世有善行舉鄉賓父溥

其最著者觀與伯兄乾仲兄坤以義經名世兩浙南直名士從遊者甚衆文正謝公贈以一堂三列宿九世十嘉賓之對萬曆辛丑觀由歲貢任廣東化州同知居官正直耿介多惠政遷淮府審理正致仕舉鄉大賓三次享年八十有九孫艮卿訓女甚肅後適葉姓堅貞矢節詳入郡志曾孫兆治亦以義經紹其傳

沈燦昇字叔子號靜咸崇禎癸酉舉於鄉甲戌成進士除授中書賦性岐嶷一日能記數千言凡室

史百家無不曉暢世習毛詩而於經義尤訂同斷
異當世推爲名宿十歲失恃事父以孝弱昆季五
人婚娶皆烇晃拮据爲之自貧時館穀至所入俸
資奉甘旨餘卽以公之兄弟居中翰十載時座師
相國薛國觀一時權傾中外凡冀速遷者多倚附
之烇晃獨處之淡然自元旦一刺外絕不私通聞
閒薛每憾之以致十年不調後薛以事敗烇晃册
封閩藩藩舉千金餽遺烇晃正色却而不受爲人
嚴氣正性大率類此癸未入禮闈告竣量移銓部

遂乞假歸里隱於馬鳴山鍵戶著書馬鳴地險而
山峻距城百里許嘗事雅慕煃晃每不憚修阻親
期望見顏色而煃晃托以疾卽先期遠去不可踪
跡日與閭黨講學論道昜以敦本崇行久之里居
相率爲模範有溫公居洛之遺風焉子四人皆知
名士而鞏址萃址尤爲膠庠共推鞏址配姜承煌
工部都水司郎中天樞次女恪凜婦儀共美柔順
萃址配祁德莅字湘君大中丞少傅彪佳第四女
賢孝夙著尤工吟咏所著有寄雲草行于世孫輩

濟濟聲譟瞶序者指不勝屈都人士咸謂燈晃盛
德之報云
王朝志字寧寰郡廪生大司空舜鼎之從弟性孝
友端介自持不妄與人交足跡不入城市幼而穎
異日記數千言老而不倦手錄經史諸子百家書
積十六笥晚爲都門諸士所延設帳授徒出其門
者成名甚衆曰人生誠意正心四字一世做不盡
又曰吾輩讀書當求天理眞樂若得天理眞樂則
無理不精無書不可讀矣及卒門人私謚曰文肅

先生所著有五經要論敬齋心錄敬齋文集十卷玉山集十卷行世

王自超字茂遠爲諸生時有文名每成制藝海內人士咸傳誦之崇禎壬午舉人癸未即登進士授翰林院庶吉士甲申二月入館讀書即與闈試序第一及闖賊陷都城爲賊所縶脫歸遂入山爲僧自名夕可順治丁亥六月卒時年二十八人共傷之陽羨徐徵麟爲之墓誌銘

姜效乾字玉洲鏡之長子差長逢元歲餘幼則相

倚長則齊名敎乾食餼于庠再入成均爲大司成
湯賓尹所甄拔萬曆已酉中順天副車謁選授廣
陵郡倅廣陵故衝劇供應繁苦敎乾不動聲色而
處之裕如賦性剛直不阿權要會運使汪某以忤
魏璫遭羅織擬贓盈數萬權璫嫁禍敎乾屬其承
追汪貧甚繫囹圄數載不能完毫釐敎乾代償八
千金冀得少免太監劉某者璫之腹心也督追汪
贓勢熖張甚人畏之如虎復索重賄詬厲迫脅殆
不可堪且徼示以旨如果媚璫不特免禍且可邀

福效乾正詞拒之劉恚甚飛語容聞瑫中以危法旦晚緹騎立至效乾問之怡然曰與其媚瑫而生不若忤瑫而死我得死所矣即引刀欲决長子天棟力抱持之適崇禎改元瑫敗事雪遷其藩相效乾曰得保首領以歸足矣尚何望哉歸與徐汝瀚余煌輩創舉蓬萊會至今相沿不廢歿時誡子孫勿以進取爲急唯讀書明道以待時而已子天棟善承父志雖補弟子員而絶無榮進之心尤肆力于古文辭旁及諸子百家言性純孝嘗父病發背

疹危曰吮其瘡不解衣帶者踰兩月子夜焚香籲
天願以身代夢神語令參末摻之遂瘳人謂孝感
云天楝以子承烈登康熙辛酉賢書贈儒林郎孫
之琦壬戌進士

胡良臣字冀明居邑之旌善鄉光祿寺卿忠襄公
文靜之孫也生而穎異所覽書籍輙過目成誦九
歲通五經十七補博士鄉薦列一榜本房司李楊
豫章出謂人曰胡良臣卷可合賈太傅陸宣公并
爲一人乃不獲首雋以致落落窮愁如此嗣益刻

勵名行講學于王龍谿周海門陶石簣之門倒入
太學名重六館當天啓時感切時事上書經畧熊
芝岡累數千言不報識者韙之所著有四書詩經
直義百將傳畧尚論篇夢覺言四十八孝廣及五
戒諸書行于世學者私號瀛海先生
皇清陸一桂字月生放翁十七世孫資性沉篤潛心
理學英年入郡庠蜚聲藝林素與京兆金蘭束垣
章正宸孝廉張奚朱紱唐允恩相友善砥礪摩切
窮達不異從遊者甚衆八入棘闈曉更處約恬然

康熙癸卯逝世享年七十遠近推爲儒宗子韶郡
增廣生博學洽聞下筆千言立就于詩古文辭直
追唐宋八家氣誼卓犖士林共推孫自堪年少能
文人咸知爲家學淵源云

胡懋新字敬懋張川人光禄卿忠襄公文静之曾
孫文學瀛海公之子也天性孝友博通經學稍長
即工時藝史肆力于先秦史漢唐宋大家作文多
不屬稿食餼比平廷試上卷曰吾終欲博一第寧
止明經出身耶名重京都交滿天下曾爲總河楊

燕石所延與之徧歷荊齊豫薊以及滇黔國計民生皆所經畫百姓賴以安全者不可勝紀生平著作甚富散軼頗多行世有四書心悟詩經解疑及說瀛澄心堂初刻諸書學者宗焉子賡颺食餼邑庠敦行勵學候補訓導

胡懋宣字純懋文學瀛海公季子生而異敏孩抱即口授葩經一過成誦人爭奇之從仲兄敬懋學三載博通五經後教授生徒凡午夜晨䆫咿唔不輟以激勵同學年二十六補弟子員康熙丁未進

士歸里布衣蔬食教授如常生平奉持太上感應篇及袁了凡先生功過格以故終身口無失信行無過舉其堂兄二安于晉遭寇變攜其子從圍城中出夜行晝伏晦跡山間絶糧五日掘艸根以食得不死既而城破二安死時僵尸山積懋宣徒跣奔覔越數月始得之躬爲殮以櫬還其遺孤父瀛海易簣時適遠館不及親含毎言及輙爲淚泣母吳氏卒幾滅性水漿不入口者三日凡就窆一木一石悉所手畫留心經濟以丘瓊山大學衍義補

爲治平所必資手自纂定考授中翰卒于京邸年四十有六咸惜其賫志以殁焉

包萬策字并包家世業儒居於湖門性穎異弱冠補弟子員數奇遂肆力于古尤精書法出于黃米而半致自成一家爲文灝瀚瓌偉如長江瀉浪其詩辭則雄健典核擬諸三唐家貧授徒自給不問生產至取與尤一介弗苟所著有字學說文詩删疑詮諸集

戴泰征字彙吉敦行力學蚤歲蜚聲黌序隨即食

餘凡遇學使者俱列高等安於義命絳帳春風翕
子從遊者甚衆配謝氏年十八于歸事姑極孝姑
晚苦瘋症氏服勞盡瘁飲食湯藥必親嘗躬進雖
汚穢之事不避一日姑病劇氏焚香祈以己壽益
姑姑夜夢神謂曰汝算已盡因汝媳虔禱增汝半
紀後果然姑臨終執氏手流涕曰吾病六年汝事
我一日不懈天地鑒此純孝吾其有好孫乎氏生
子超岐嶷敦敏九歲能文十歲夫即見逝氏痛身
自矢茹蘗允熊超恪遵慈訓年十五以冠軍遊泮

未及弱冠遂膺鄉薦其制藝所著最爲海內模楷妻陸氏以孝行令德著聞宗黨人皆謂賢母氏節孝之報於茲兆端云

潘錫金字作辛少孤稍長工吟咏任俠輕財家計日蹙決策北行徑臨清值歲試遂入臨清學久客幕立意排解士民咸德之奉母孝散所蓄給其兩弟各千餘金暨母歿喪費俱一身獨任中表弟戴亦少孤錫金爲之撫育先後完其兩配至受業師潘价維貧老其生養死塟之費支給甚厚妻馬氏

與錫金同志長壻黃寧方爲立合傳行於世子[illegible]

聖列名國雍所構詩文人傳誦之聲譽籍籍焉

李平字秩南號夜園順治甲午孝廉己亥捷南宮

任翰林院庶吉士

世祖章皇帝雅重詞臣屢試太和殿平每試必居前

列散館授內秘書院編修康熙丁未分校禮闈得

士八人俱一時名碩陸子葉其房首也遇

覃恩父母妻皆如其官時開局修

世祖實錄平以才望簡充其任凡七閱月而病劇不

起卒於官舍年三十有七平資性沈靜雅愛矜飭不苟嘗笑勤學好問而遽齎志以殁人共哀焉大學士孝感熊公賜履爲之銘配安人朱氏少師恆岳公孫元孫女戶部張菴公兆宣女也孝事舅姑相夫以敬值平疾瀕危氏率子瀛日夕叩北辰請代及卒氏慟哭幾不欲生扶櫬旋里營其兆域尤能誨子斯夕維勤瀛篤於孝思凜遵母氏之訓蚤歲遊庠隨卽食餼名重士林皆歸美於壼教焉氏年四旬有六與平合塟於三江楓山之陽

范仍字祖生號熊巖穎異性成髫年即受知於尚
木彭公拔置童子冠軍即遊庠順治丙戌舉人北
上公車者四垂得而失授南康府推官以明刑弼
教爲已任凡典復白鹿書院董理教事鼓舞士子
月書季考弘奬風流論者謂自薛方山李忠毅兩
先生以外所未有也郡有匡廬爲天下名勝仍採
其傑作編葺成書凡淹獄未清民寃未雪仍痛絕
苞苴盡得其情數年間全活者不啻千百餘人有
審克編行于世丁酉同考入闈所取八人盡屬俊

彥至清查屯田蠲郡湖縴夫捐置監田其惠政及人咸愛戴而追思之祟祀府學鹿洞名宦秩滿遷廣信同知脩葺鵝湖書院與二三知己之士考朱陸異同指歸人文丕變兩署郡篆未嘗濫受一詞值巳亥秋海氛入犯石頭城不逞之徒叛據結寨九仙封禁屬邑永豐與賊窟相去不遠咫尺仍帶僮僕書役數人疾馳至縣居民驚竄已盡爲之招徠完聚獲免鋒刃復冒險親入賊營開誠布公諭令解散諸賊皆相率泣感歸降有所著錞于集垂

許嘗時并攝縣篆在邑歲餘講鄉約勵廉隅清賦
役寬訟獄頌聲載道鄒事之日士女老幼執瓣香
泣送者夾道四十餘里肆特祠而尸祝焉及解組
旋里家無蓄儲靜坐匡牢手不停筆纂脩范氏家
乘及所撰冰玉事紀枅潭穢言蘿丘諺述各數卷
細參旨要俱先正格言有裨名教者也仍秉性孝
友處世和平見之者如光風霽月汪度謙懷令人
飲醇自醉宅之後圃産五色靈芝越之紳士歌詩
以紀其瑞皆謂仍積德行仁所致仍好遊覽年雖

遲暮而屐齒所經遍歷山水絕無倦色尤喜接[illegible]

士類延其聲譽凌故西力士咸爭歸之五起步

康熙辛酉夏卒享年七旬有九

誥封奉政大夫子五人而瑞任嗣正嗣恕尤斐聲庠

序克紹青箱孫六人守悳太學生龍威昌鼎守魯

熙栽守爵俱能上繩祖武世衍其家學之淵源焉

張慧才字定生爲人文行醇茂長厚有餘訥訥如

不出口未嘗以慍怒之形見於辭色暮年遊庠隨

即食餼習春秋精究四傳毫無遺藴海內人士

惟爲麟壇名宿屢試不售唯安命食貧授徒糊口
以終其身如戊戌進士金煜壬子孝廉余灝皆出
其門下康熙庚申歲正貢壬戌冬卒享年七旬有
五配章氏賢德著聞伉儷静好宗黨共交稱之
陳際春字覺迷郡名宦見吾陳讓曾孫也因晋江
海寇搶攘携子亥成避紹謁祖于三江觀瀾祠喜
越中山水遂卜隱於蕺山之麓精探義經吉奥闡
明先賢異同諸説性頗好施貸者不計息犯者不
與校惟以忠厚傳爲家訓詩書課其孫子鄉里咸

嘖嘖稱之不衰曾孫亮采文章氣誼爲儒林所推
聘取校修兩浙通志

祝紹爔字文龍庠生甫四十月而父汝棟卽卒母
徐氏年僅二十有四守節矢貞紹爔天性純孝色
養無違崇禎年間爲母請旌建坊安於義命屢試
不售唯課生徒言笑弗苟面貌矜莊恆以古道自
持生二子弘增庠生緯有父風弘坊康熙庚戌進
士授會寧令孫先鈺先鈵先錕俱恪承世德自克
光大其緒焉

秦廣漢字沛生唐高士系之後裔幼篤志力學雖隆寒盛暑以膏繼晷矻矻不少休弱冠補弟子員爲文弘深典則不屑爲剽竊依傍之言譚道析理如導河東注聽者忘倦遇事是非立判未嘗少立崖岸人由是服之昔人謂王叔度汪汪千頃波山濤爲人如渾金璞玉殆庶幾焉舉康熙巳未歲貢其識詩有容隱齋經史諸書未經行世

俞大綬字思溪俞家舍人讀書時每歎曰范文正公做秀才時便以天下爲巳任大丈夫不當如是

耶崇禎甲申闖變遂絕意仕進居恆手不釋卷出入必拜告祖先祭祀必誠敬備物淳樸傳家眞率矢志夢父爲判官重繭走酆都見神像酷肖號泣不忍歸遇旱潦必憂形于色見阽危必傾囊拯救鄉鄰有鬬片言解其紛嘗謂人曰人之相爭必無獨是孟子亞聖嘗以三自反垂訓則我理固直亦不必氣壯也況理未必直乎人服其雅量年五十尚無子禱于神一乳而舉子 一長 洪次一燧皆克承父志力學好修人咸謂善人之報云卒年八

十一年前數日沐浴定逝期果不爽
何嘉瑋字偉生號怡巷太學生幼穎異長而好學
淹貫詩書具上下今古之識尤善於詩古文所著
有玩意集博覽篇一時稱爲才士和平不校廉介
不取彷彿古大儒風格人多賢之
姚祖振字越士資性穎敏英年入郡庠旋食餼有
聲望博極羣書胸中卓有根據生平篤孝友恂恂
自牧與物無所忤宗族親黨往往多施與尤切於
交誼把臂海內開北海艸堂流連詩文晚闢𠜮西

學圃以著作自娛有叢桂軒文集年週甲而逝遠近惜之子弘仁康熙辛酉經魁孫若楠髫年即遊邑庠有文名

金臺字章孫郡庠生年甫週餘母何氏卒臺稍長痛念母氏輒爲涕泣盈頤沉靜好學不輕言笑制行維謹體素羸弱雖嬰疾病猶勤經史積勞而卒年二十有三宗黨傷之所著有鶴林集行於世妻陶氏文學虞章女因夫病劇刲股籲天期以身代夫卒氏哀慟哀毀欲絶繼而事舅艱勤以撫孤節

哀因孤元鑛止九月尚在襁褓也

薛昌字濳父邑廪生博學能文屢試輒爲士子冠同學皆推重之居獨山鄰里待以舉火者數十家親友有急必極力相濟未嘗自以爲德人呼之爲孟嘗君輒愀然曰彼俠客豈吾儒本面目耶戊午由拔貢考授訓導辛酉應試會城卒於旅舍聞者莫不驚悼云

傅列斗字中玄郡庠生八歲能文沉潛經學執編契悟惟三代先秦兩漢遺書董賈二子而已硯席

同志與何弘仁馬權奇孟稱舜趙之蘭沈繇共相砥礪作文崇尚先正及門毎歲必數十人如姚允致宋賓王許暢王褒姚夢龍後先獲雋至何治仁陳晉錢經世何法仁盛時駿趙正巳輩咸萃其門悉如河汾之盛中年日侍劉念臺陶石簣二先生闡揚聖學爲證人社之長歷浙闈者九不一遇而教益廣父賓登辛丑張汝誠榜以易魁於鄉列斗得其傳著周易參解與日鑄床頭錄義經鴻寶浣溪集並行於世至今子若孫克紹其傳云

趙美新字可孫郡庠名宿也通經嗜古幼受毛詩於徐熙之門及長設館授徒一時英俊盡沐其教五入棘闈不得志益肆力於詩古文先達學士大夫李安世金廷韶胡昇猷馬允璜互相結契倡和盈帙又以塡辭標靡及傳奇有青鳥信博浪椎諸編其雜著則可道人集彤管集行世子二人長曰秉奎次曰星好學繼志詩文俱優藝林中各樹一幟云

劉殿臣字公柱年甫七齡母周氏卒哀毀號慟幾

不欲生及于歸與殿臣同庚時殿臣病篤氏雖合巹而未賦同衾不逾月殿臣逝世氏矢志守貞孝養舅姑以姪同光爲嗣宗黨咸高其節

金日璉字鷺盤邑增廣生性孝友嗜學年十五遊庠受業董日鑄陳六極二先生究性命宗旨淹貫六經諸子和厚謙光無世家習氣觀場十次未售郡紳士咸重其文行多遣子弟負笈初受知於康藩司延以西席再膺沈守憲所聘設教古小學從遊百餘人四年內錄泮者二十六人生平以立命

樂貧訓徒課子孫爲事明季許都亂東陽上條禦
十策於于郡尊鼎華白寇遍郊野陳招撫三策於
韓邑侯海氛震越上守城八議於朱守憲俱救時
須畫可見之施行者也所著有寶樹堂四書講意
說詩五法顏子彙語千古眼一集年八旬猶手
不釋卷同妻姚氏偕白首無疾坐逝値天午笑謂
子孫曰吾胸無妄念只此心地光明可無愧天日
也祖恩範族里稱愚孝子父一鳴稱孝義公兒冠
玉姪豫臺振生皆極長厚繁子孫兩子玉曙玉立

力學眞誠孫十餘人俱恪遵祖德識者知其後必昌云

明祁仁字復齋成化癸卯鄉薦登甲辰進士任禮部儀制司主事生而穎異讀書過目輒成誦長而端方居官耿介無囘節乃以少年奄逝不得竟其大用士論咸惜之

皇清姚時可字雨若自幼力學不喜仕進以名節自勵嘗曰吾祖宗積德累行後世子孫必有昌大者課子益堅長子啓聖號憂菴康熙癸卯舉人出香

山令歷任節制八閩功績顯赫次子起鳳字實從
太學生以軍功考授別駕清操剛介守正不阿有
孝行承兄命修築三江閘西江塘諸大役奉公潔
已不避勤勞運籌得宜克臻成功又繼兄志完會
稽學之餘工　聖廟重新且毅然修復府學山陰
學俱極巍煥居鄉爲人贖男女全夫婦排難解紛
樂善好施俱秉於天性郡邑人士咸稱述之

金璐字孟美儒士維熊長子也璐幼工制舉業名
著士林承顏父母曲盡孝道絕無違言配駱氏儆

仕郎應進長女年十九于歸奉事舅姑至敬至孝持己莊肅待人和惠生一子一女子銘年甫五齡夫抱疾危篤氏刲股籲天期以身代而竟至不瘳氏撫膺悲慟絕食旬餘欲與偕亡翁姑父母慰勸曰教育孤兒俾之允宗所以全孝行而敬夫子也氏遂專心教子訓嚴師傅銘亦凜遵慈訓思踵前賢以報母氏之貞孝今譽隆國學勵志攻苦而氏之操行修節益以表著云銘妻胡氏恪奉姑嫜而祖姑雙目俱盲氏周旋左右婣黨俱稱其孝

徐沁字埜公號水浣幼失怙恃然質敏志高不以孤窮墮業上六歲就小學踰數載十三經皆成誦十二習制舉文雄遒過於儕輩崇禎壬午就試于署郡司李陳子龍有國士之目乙酉兩試皆冠軍性恬澹非屑以干祿之學隨入步趨惟博覽經史子及禪宮野志無不搜討每日讀書徑寸詩古文辭法大家興至立成嘗不加點每一篇出傳誦幾徧盛名所至聲溢京洛車塵馬跡凡所閱歷如江浙八閩燕趙齊晉吳楚諸地悉為憑弔登臨題咏殆

極生平騷雅之志其所推分締交忘形結契或中
朝物望或鄉曲典型或四方名碩非以文詞相尚
即以政術相資泓雖高寄物表而世道平頗生民
憂豫胸中已具成算於是聘幣及門始則鄧之再
三及一諾之後遂竭其悃欵若司空朱公之錫之
治河川湖蔡公毓榮之備楚制府李公之芳之破
閩寇保兩浙皆借箸而籌共商謀畧摧堅決勝著
有成效然在賓館之日鞅掌治簿書稍暇輒流覽
典籍寒暑弗輟秉燭繼晷恒至達旦故其著作甚

富不下數萬卷至交道所係生死不貳而志篤孝友凡三黨之喪葬悉爲成禮慷慨好施所得餽贈入手立盡親友待以舉火者不可勝數享年五十有八子楫邑庠生篤於孝行父疾侍湯藥刲左股以療之及父卒楫哀毁慟絶復甦宗黨稱爲孝子云

賞奇璧字元亮郡廩生文名藉甚門下數百人成名者衆崇禎庚辰歲廷試對策稱旨特賜進士出身即授乾州知州在任五年卓有政聲因闖變棄

官而歸陶情詩酒長弘道貢生授常山教諭次亞

重郡庠生

章尚綱字賓華英年篤學紫溪蘇公試越歲科俱

第一廷試拔貢任建始令潔已奉公以德化民後

告休歸里民佩恩沐澤爲建生祠於縣東以誌不

忘

諸來章字叔文太學生醇謹自矢訥訥似不能出

口年甫象勺母即逝極哀毀骨立如成人禮幼從

兩兄讀書好學孜孜嗜左國以及唐宋大家之文

又善書法待季弟情義兼至性慷慨篤於友誼士林中咸推重之康熙二十三年四月二十四日戌時賫志以歿年二旬有四妻董氏相敬如賓早卒遺一子永郎甫五齡繼配潘氏儒士鳳徵女夙嫺閨訓年二旬尚未結褵聞訃即於翌日午時縞素往臨守節撫孤時宗黨有奪其志者氏躋挾利刃以劾自誓里鄰陳繼前文學金炯等陳其事於當事嘉興府同知署郡事孫公明忠通判署邑事王公珽各有匾額以旌其門郡曰渾全純操邑曰風

嬀羅静

周大受字才任郡庠生性敦孝友惟學是好淹貫經史偕友修業無間寒暑生平爲人厭囂漓從忠厚黨里庠序論品行者以大受爲最棘闈十上終於不遇居常食貧所居之廬不蔽風雨或至乏炊大受處之澹如也康熙庚申授宣平訓導是時遭閩逆變亂後宮墻鞠爲茂草齋署頽無寸椽苜蓿盤空寒氊座冷猶聚徒講學朝夕課篇是年冬遘疾而卒刺史李率祖偕僚屬咸出賻貲殯而歸焉

明沈振字克成家山陰之臺閣塢巖壑佳勝甲于八[illegible]其廬宋代遺居世傳一經舞勺時每讀書目數行下學業成開館習說名士多從之遊年三十有七甫聽鹿鳴載上計偕登乙未謝遷榜出尹南陵三載撫軍舉其賢調宜興素稔此邑頻罹湖患入境倡築埭堤蓄洩山源禾稼浚没之害得除數千緡之逋稅萬民咸賴之輿論爲功不在禹下擢貴州道御史去之日父老遮擁以借恂久任請不允遂令闔邑尸祝焉振父肅字養素由鄉舉歷判武定

渾源徐州所至謨畧綏靖有聲遷南康丞建征討功晉兵備副使告老以耄壽終謝文正撰誌有銘誕四子振最少力學懋官人謂沈氏有治縣譜厥後子孫國瑞南陽丞視郡纂拔孤寒咸躋通顯稱得人多善政日順字逾白領鄉薦令慈利招民墾土練訓禦寇功能不著日岳南允慶儒燝儒煒竟成天成懋才懋信懋發懋貞維新炳坤垣宜俱以文學孝行策名清時云

盛時驥字逸千幼穎異六歲工作對發句一時先

達鉅公咸驚歎其瑰奇成童讀書嗜古性好班馬二史於八家尤喜柳蘇嘗書簡編曰馬愛其雄强班愛其緻客柳愛其峻折蘇愛其浩瀚謀文往往擬似之父守寧兄時駿國駿世爲一經孝弟文學士林楷範學既通家所建別業曰怡園共爲廣集生徒而授經焉時驥幼受業於會稽陳志尹勾餘張瀵芳三山丁景虞之門與同志金鑾周廷獻陶黃閣傅駿發胡玉鉉金鼎璋傅廷楫朱家輔姚夢龍周廷揚胡洵諸子爲文會每一藝成爭相傳誦

屢試拔幟先登而數苦奇繇是上燕臺歷試復不售以貢科就選部得邑宰恩躋群倅羣謂將有所表見於世乃銓期屆期忽焉告殂未展素志羣惋惜之子四人振綱振芳振經振美俱端亮能文名入黌宫自克繼志聿光先緒焉

陳毅倫字孝植邑庠生師事金楚畹公蘭最久以文章行誼著名當時屢躓棘圍老且勞心賫志以歿著有夜光集三十二卷行世娶范別駕明雍女克嫺淑德長子則都中順治乙未第七名歷仕晉

燕楚蜀所在有聲

明王大紘字宗玄百歲耆儒塽第三子也性最穎異九歲屬文才名籍籍同學胡琳錢象坤劉毅陶崇道金蘭王思任陳美丁大猷傅列斗賀堯雍諸名宿共相砥礪正心致知之學爲越州儒宗冠冕嘗設義學於洪谿家廟歲集生徒數十人闡發周朱程張之蘊同時君子有志于聖學者咸尊之曰紫洪先生大紘生二子致逵治遠孫學昇學鼎學鼐學校學宋學楠學樞羲懋戴玘能繼其傳不墜書

香云

明唐欽字實菴宋義士伯玉公之裔孫也少負異才讀書目數行下年十六補弟子員歷試棘闈者八再中副車設帳若耶溪上太史汪清獻僉事沈伯元俱出其門下欽自坊以禮動循規矩教人多所啓迪凡執經受業者有坐臥春風中之歎晚游京洛有遊燕草洛僑唫二集傳於世今居昌園者子姓繩繩多好學力文衣冠不替云

金須字子宜文學機之幼子也祖太常寺少卿蘭

於萬曆甲寅歲逮生烜生于順治庚寅年與祖同
庚親友競作詩以美之烜賦性聰穎下筆千言立
就制藝之外兼工詩賦聘禮曹俞有章女烜未結
褵而卒年甫十七識者傷之葬駱家葑

劉章大吉字惠伯號修吾幼負盛名副榜三次不第
由明經任興化府通判因覃恩得封父母向有秦
漢文解行於世後以左氏文就史記體名曰左記
曾受知於朱文懿公賡然大吉爲人端方自矢而
不屑濫事交遊故長安莫知有章氏其介操葢如

此時及門之士百餘人競誦法之稱曰文介先生子文學爲之字偉甫號漢雲夙禀庭訓特刻左記於維楊孫文學篇字子尚號道菴恪承先志因葺其事而註解之俾微言與義洞晰無遺是則祖孫父子皆以行誼文章表著顯明於吾越云

山陰縣志卷第三十二

人物志十

孝友傳

三國丁覽字孝連八歲而孤既長能推財從弟以義讓稱補郡功曹爲始平長孫權深重之

丁固字子賤少喪父而家貧養母孝敬備至族弟孤弱與同寒温嘗夢松生腹自謂後十八年當爲公竟歷顯位遷司徒

南北朝何子平少有至行爲楊州從事月俸得白米

輙易粟麥以食人問之荅曰尊人在東不辦得米何心獨餐除海虞令縣祿惟以養母不及妻子及母喪去官哀毀踰禮每哭踊頓絕方蘇屬東土饑荒繼以師旅八年不得營葬晝夜號哭常如袒括之日所居屋敗不蔽風雨兄子伯興欲爲葺理子平曰我情事未伸天地間一罪人爾屋何宜覆太守蔡興宗甚加矜賞爲營冢墓

宋蔡定字元應家世貧寒父革依獄吏傭書以資定得游鄉校業進士頗有聲後獄吏坐舞文革連坐

時年七十餘法當免繫鞫胥削革年籍議罪欲與
獄吏等案具府奏上之方待命于朝定痛父非辜
陷犴狴誓以身贖數詣府號懇請代弗許請効命
于戎行弗許請隷王符爲兵又弗許定知父終不
可贖仰而呼曰天乎使定坐視父死乎父老且傭
書罪固宜釋而無所告愬使父果受刑定何以生
爲乃預爲志銘其墓又爲訴牒置懷中陳其所以
死者冀免父刑遂趨府橋自投死太守翟汝文聞
之亟命出其父且給貲以葬之後守王絢上其事

立廟祀焉賜額曰懿孝祠

王公袞佐之弟也母墓爲盜所發盜既捕得有司薄其罪公袞斬盜首雪母寃詣州自言佐爲納所居官贖弟時王十朋爲僉判賦詩美之且載其事於風俗賦賦曰隱吏王君斬讎著名一門可稱賢父難兄

皮延字叔然事母至孝居喪廬墓有白鳩巢于廬側終喪而去

高賡元字大億父道壽五經博士淳熙中應詔上言超遷祠部員外不受築室歸隱營構甫完遽罹

大故廣元寢處柩側未克葬偶以事外出煬人勿戒柩重莫移悉成煨燼廣元痛徹心骨終身不入內寢且不食煎熘之食人以江陵姚子篤比之參知政事鄭昭光爲文以傳

元徐允讓項里人天性至孝元末兵起允讓挈家匿山谷遊兵至執允讓父安允讓曰我父老不勝尒寧殺我句父命兵遂捨安而殺允讓既而欲辱其妻潘氏氏紿兵焚夫屍始就婚遂赴火死潘別有傳朝並旌之

陸思孝樵夫也母老病痢思孝日夜不離側醫禱俱弗效方欲割股爲糜以進假寐間若有神人授藥一劑思孝得而異之卽以奉母母病立愈

陳福年十歲母葉病甚侍湯藥衣不解帶每夜出籲天遂刲股以療母而母終不起鄉人目之曰孝童郡人楊維禎爲作孝童詩

明

高珣農家子也性朴魯蚤孤而貧行傭以供母母卒塟刑塘下以母生時畏靜每夕往墓所措苫蘆以臥四無墻壁地沮洳多虺蛇珣不爲患歷三載

不輟當沍寒時有物夜來暖珣足習爲常珣初意其爲貓或以告人人寀視之始知其爲狐也郡倅劉玉白其事于當路學士大夫多爲詩歌傳之

沈日禎字天祺少遊鄉校以交久客河南音問遼絶白于當道將往訪而歸之時有令凡庠序諸生有稱故遠遊者例戍邊當道以是難其行日禎曰使得見吾父雖十戍不辭奮然治裝以行辛苦萬狀備歷險遠卒遇其父於逆旅奉以歸尋領鄉薦爲學官

陳倫字天夔性篤孝家貧極力養母母嗜魚冬月不常得倫躬涉水求之後領鄉舉任鹽山教諭母老不敢奉以歷險遠留其妻侍養單騎之官

周廷瑞字應麟生有至性奉二親以孝通春秋領鄉薦一日父偶患疾廷瑞時外出忽心動奔還疾正劇廷瑞籲天求以身代父得愈後父歿哀毀踰禮奉母氏不忍離絕意仕進煦煦色養無少違母亡廬墓數年有白兎出其旁

黃亨里之弟也隨兄宦雲南里既被害寇方肆掠

亭痛忿兄死即率衆百餘與寇戰勇氣百倍寇不
支潰去亭亦傷其左目瀕死抱兄骨歸葬于鄉論
者謂里死官而亭破寇報國且報其兄忠義萃于
一門當膺褒䘏惜未有以其事上聞者
徐恩與兄讓同系家貧不甚知書而孝友出天性
與兄文刈薪項里嶺日未午一虎從叢篠中出噬
文牙貫肩項恩急顧得一木棓趨擊虎數十下時
不可奪則躡文足自後撑之虎乃釋文走恩度必
復來於是曳文首前向立跨屍以待且大呼曰天

乎吾於虎何讐虎殺吾兄天尚相與殺此虎復兄
讐少項虎迂行負上勢奔突而下恩側身承勢橫
扼而擠之虎輙失足旁逸若是者凡數四鄰族聞
者或匿林間呼恩棄屍自脫恩厲聲曰汝能助助
我不能毋撓我令日斷無棄兄理我不與虎俱生
矣虎欲施不得復奔突如前垂至則人立不動亦
不出奇設疑意在乘間以逞者恩直前批之適中
其鼻虎創甚始郤步徐行而去然猶數四視焉既
而救者咸至共輿屍以歸恩力竭病累月死方恩

病時人有以義士譽之者恩愴然涕下曰吾恨力止此不能礫此虎以祭吾兄而反以是得衆人譽吾獨何心哉嗟夫恩可謂朴茂不散見兄不見虎無所爲而爲義者矣鄉先生靜庵蕭鳴鳳傳其事而爲之贊曰昔庾衮不避疫太史氏錄之以爲難夫疫之不避容有不死理未若奪兄虎口置身必死者也究其心皆出于至誠惻怛心同而迹加難恩獨不得與衮並傳耶

劉謹字惟勤山陰人洪武中父讁戍雲南伯兄又

以督運死京師謹甫六歲輙知痛其父一日問家人曰雲南在吾越何方家人以西南指之輙朝夕向西南遙拜年十四遽矍然曰雲南雖號萬里天下豈有無父之子哉治裝爲尋父計時滇南初服道路荆楚衆勸勿行卒不能尼歷六月抵雲南艱辛萬狀遇父于逆旅相持號慟行道傷悲俄而父患瘋痺即欲以身代戍冀得歸父而國法戍邊者惟十六以上嫡長男始得更替於是復歸攜其兄子往而兄子亦尚孱弱未能自立於是又復歸悉

鬻家貲以往葢三返雲南始得歸其父也父歸家徒四壁幾不能爲生謹力供菽水晨昏必極其歡督學張倬爲傳其事縉紳先生司馬恂朱文淵輩竝詩歌之其後子孫科第相繼人以爲孝子之報

俞孜字景脩補邑庠生嘉靖初其父華以里役解流徙徐鐸赴口外防範過嚴鐸啣之投毒于羹華一夕暴死都下孜聞訃號慟往扶櫬歸殯誓必報讐時讐已脫走徒跣根跡歷數十郡聞已歸越匿甥安城楊參一家乃結力士數人佯爲賣魚者往

來偵伺迄亡所獲乃卜諸城隍得漁之三益悲痛欲死是夜夢神語之曰若以漁爲不祥獨未知一漁郎在目前乎孜驚寤詰旦詣郡乞助郡守南大吉壯之益以機兵夜半至安城驟入楊氏呼徐鐸鐸應聲就繫卒實極典孜遂不復應舉養繼母以老鄉里與學校間共稱爲復讎孝子郡守湯紹恩表其閭其子志和亦以儒行重于鄉

陸尚質世居海濱之丈午村其父一中以庠生教于鄉塾隆慶乙巳秋八月七日東青渡海口風濤

拍天舟東瀉將入洋質從堤上號慟躍濤中擬拉舟時觀者皆謂父子且並魚矣俄而舟忽逆濤上若有縴者一中遂濟質竟死濤中鄉人憐之求其尸不得且謂質死水與其曹娥亡異而其父得生事尤奇乃名其渡處曰陸郎渡知縣徐貞明上其事部旌其門崇祀鄉賢所祭猪羊坐派本都下四啚每歲致祭可也

朱導字顯文弘治己酉領鄉薦仕終通江令力敦孝友以義方訓其子二子簠篪及姪簦節並取科第爲顯官而雍雍和睦內外無間言居鄉儉朴非

公事不入城山陰稱孝義之族者必曰白洋朱氏云

朱鉞年十三侍母詹病衣不解帶嘗夜起祈禱望天號泣母疾寢革哀毁幾于滅性父鳳翔家貧好學至隆慶五年父殁號慟擗踊泣血至死貧不能殮里人感其孝助喪葬廬墓三年墓生芝草有祥烏集其上後歸設塾于鄉工詩文享年六十四

馬文賢字仲孺性至孝貿易以給甘旨父早喪母六旬病劇禱于神不應割股大劑而殁母遂愈妻金氏守節終身紡織養姑惜無嗣萬曆三十五年建坊旌

郁士渭貧甚因父死他鄉乃托鉢遠行負父骸骨以歸又刲股救母恙孝友過人奉旨建坊旌表

金恩範字養愚迎恩鄉人母病不能起醫無以療因叩神願以身代見雙立拊膺大慟失志成狂每日走廟中百千叩首但曰我代我代里人呼爲愚孝子一日夢神語曰汝母得生汝當于某月日終矣驚寤與妻李氏訣曰母壽增我死無憾但奉侍悉托于汝越數日果以疾終李氏事姑盡殫劬瘁育二子歷氷霜四十餘年而死萬曆間縣尹耿庭

栢又吳守憲皆予粟帛旌其門曰孝子

張惟明膺拔貢例晉太學念奔馳南北不克承歡遂棄科舉一意孝養父母有疾衣帶不解藥必親嘗竭誠祈禱親疾危而復安及父母故皆廬墓三年有白兎往來枯枝生枝之異巡撫谷疏題建坊題其門曰孝行之門

胡偮字汝舟父業儒携家都下楫傭書以供饘粥父卒竭力事母母素病嘗焚香請以身代及爲銓曹吏出任萬載縣丞一夕夢母有疾遂掛冠旋接

家信果於是夕母病乞終養部例不可尋晉秩金
吾右衛指揮僉事日侍母側母壽八十八歲卒刻
木肖像事之先年無子偶娶妾詢知其許聘他人
即遣歸不索原聘鑑湖濱有橋傾圮捐千金修之
其恤親隣賑窮乏瘞枯骨善行最多有司奬以匾
額萬曆二十八年建坊旌表

王鑾號戴阜少孤事母最孝母病親嘗湯藥衣不
解帶每祝天願以身代母卒既葬即築室墓旁九
載不歸親友有勸之應試者辭曰得安父母之墓

足矣他非所望有司聞其孝而嘉之至老又築數椽于墳右人稱王氏風木庭迄今猶有遺跡子望久望大事祖母亦盡孝侄孫永祈順治間以廩貢任山東招遠令四載寇亂攻城罵賊而死蔭一子入監讀書曾侄孫重光改姓祖歷任河間巡撫兵部侍郎世傳王氏爲忠廉節孝順義之門節載列女傳

何兆三馬塢里人翁出採薪虎突噬之兆三呼號奔救以篠擊虎虎舍之去翁得生兄翁樵十餘年稍有所儲兆三曰我老矣急爲翁娶以延宗祀若

有子即吾子也弟遂娶生子而死弟婦悍不能事
其伯兆三凍餓亦無悔云
李廷孚字鳳山爲忠襄公裔孫幼孤家貧受生徒
以舌耕養母愉色婉容皆至及壯任騰驤衛經歷
遷廣西奉義州判官因母疾告終養歷十有六載
割股療母病建義學以成父志孝行浹聞爲一邑
景仰列名旌善亭崇禎九年奉旨建坊
袁自立羊望村人崇禎間其父賈參皮島值大兵
至死鋒鏑逾年訃聞號慟幾絕星夜至島覓父骸

不得見父舊主家方知瘞處遂掘視疑有他骨相混嚙指血逐骨滴之見血入以衣裹骨肩負徒步五十晝夜始附舟抵家終身不茹葷不衣帛且囑其子曰爾大父喪于異鄉我不能送死我死之日當掘地而埋勿用棺衾娶王氏甫九載遺子五歲念父死遠方誓不再娶鰥居歷四十三年

蕭燝性誠孝父母病日夕不離側醫禱備至及病篤未辨安危以口嘗穢崇禎年間撫按具題建坊旌表

孫一經號濟我襲祖蔭累陞中府經歷時流寇姦細往來內地邏卒多以賄放而京師門禁例以中司主之因具疏痛言疎防諸弊必貽後悔部覆不行遂解組歸爲嬉戲以娛親心及母卒哀毁骨立居廬三年四十六歲而卒後甲申年寇陷燕京咸追思之謂一經讜言幷有先見云妻任氏節孝過人

皇清胡拱軫年四十父母壽並八旬朝夕奉養忽夜火發拱軫起救方負母出火愈熾仍入救父棟折樓

傾身與父同盡次早得屍拱軫以身蔽父體以手護父面儼然如生其妻周氏子會子周同時燒死浙江巡按王　具題建坊

呂與道號藏虛祖籍新昌徙居山陰陡亹　父德瑞與道其仲子生而敏慧讀書目數行下無何以父病痿不敢頃刻離遂謝舉子業朝夕拮据奉養其親數十年無倦容及亡哀毀骨立如不欲生憐叔父無嗣終身贍之偕伯子廷昇其勤于家焚券以濟貧造梁以渡涉有舟人匿貨而弗校厚德皆

如此類卒後人咸感慕之新昌令盧陵劉作樑爲之傳仲子廷雲己酉魁於鄉

朱霞字九光爲邑諸生性孝友博極羣書皆手抄日錄善屬文父病夜起號泣祝天願身代之病得起平時服習導引之術一日無疾衣冠危坐而瞑蓋孝友之報云時天啟六年五月二十九日也所著有離垢集行世

胡行晟十都四啚人母王氏年二十五歲誓節家貧紡績撫訓行晟年幼咸食拾芹曲奉母飽父棺

殮未入土日撫柩而泣母因苦節成瘁目瞽無見行晟日夜悲號朝夕焚禱每清晨以舌津舐母目每飡親自供食如是三載日無間隔忽夜夢神語格晟之孝授藥開瞽次蚤母亦語夢相符鄰人聞之爲誕俄爾雙目重明感格如桴

趙慶麒三十三都六啚人伊父趙嘉煒以太學生謁選四川成都府郫縣主簿甲申八月守都江大堰遇不屈殉難全節慶麒甫在襁褓至二十二年後哀慕悲悼徒步萬里自金台出固關歷秦晉經

連雲棧七盤道漢中入朝元關以求其父始知遇
害之由然未知殉于何所殁于何日慶麒背書黃
紙沿途號呼備歷險峻凡三年復走威州遇都江
之故堰夫告以乃父受難于八月之三日在安家
口也慶麒遂于三復口招魂壘土以墓焉復懷口
間之以以歸蜀之紳衿靡不刻簿叙誄刻錄以表
揚之

陸國安字君衡順治年間白寇聚衆刼掠鄉村尙
質嫡姪陸華宇被賊綑至賊營索餉同子陸國安

檄命闖入營寨誅斬賊首葉僞惠陳玉環殺散賊黨奠安地方救父田家正所謂孝子後生孝子各地方公結呈縣知縣顧諱予咸知府劉諱桓通詳三院尚未題請

沈季昇山陰人性至孝父九龍端方好學有怒時季昇必跪於庭援古史遺跡開父俟講畢命起乃起如父已就卧餘愠未釋季昇亦跽在床側以手摩父腹至覺命去乃去惜季昇早卒其子世懋世用世顯元肇俱有父風

宋時化字蒸菴秉性孝友與人和藹無忤遇試不售嘗曰專事雕蟲徒淹終身也遂棄儒業以雜職見試初筮巡檢遇事有幹濟材歷任至登州郡丞詰奸治盜戢吏安民擢廣平守蒞任數載循卓之譽洋溢幾甸殁於官署人咸惜之以猶子璧爲嗣

明金謐字世雍號南洲弘治乙酉舉人秉性孝友父圯母吳氏年皆垂暮謐承顏悅志凡寢食必爲之視其起居與兄誠弟詔詰尤極親愛圯卒謐哀毀過常時家適火起延及殯所卒兄弟出父柩於烈

煟中因得無恙服闋補海陽令潮多水患爲之脩治海塘水不爲災陳姓以逐鴆入大辟鞫知其寃即白監司出之在任五載政平訟息巡撫侍御袁公舉之于朝適使臣有與袁異者弁構及于謫謫不辨而歸時母年九十有七孝養惟謹及歿殯殮窀窆俱殫其禮配茅氏與謫同德子志登嘉靖戊戌進士乙巳覃恩從志官追贈南京江西道御史

〔鮑經濟〕字濟之號定也善文章天啓丁酉舉人任奉化教諭擢海門令有惠政丁內艱歸遂絕意仕

進閉戶著書闡揚程朱主敬之旨不營産業弗事竿牘陋巷敝廬泊如也性極恬適與人言未嘗有墮容遽色見人之急必傾囊致助恆至饔飧不繼絕無怨言家庭之內俱足師法鄉黨咸以光風霽月推之林下安貧樂道者二十載壽至八旬子宗器字席陳克承父志中年棄舉子業以讀書山水自娛足跡半海內曠懷自適與父同壽自知終期更衣含笑而瞑孫守一輩俱恪承家學云

劉深字士宏拙菴公之子也深母蚤卒事繼母王

氏甚謹父歿所遺田宅氏不無厚其所生而深不與較久之有構深者遂不爲氏所容深乃屏居牛頭山力農以自艾山之塢有不毛地爲暴溪所嚙深度可以田躬率里人荷畚開荒積數歲成田五百餘畝築土塘以捍溪流歲可畝獲數鍾上之官起二稅縣官豪之自此里人貧者皆得討其荷畚之力以授佃而指爲世業里人德公呼其田爲南塘田其塢爲南塘塢深用是稍稍起家所置田宅過諸弟氏猶督過不已會復有構深者輙投牒訟

深不孝太守沈廷鞫深深默無言太守曰汝何言深曰天下無不是的父母深固有罪亦復何言太守感動徐察其母子年齒相若知爲繼母不覺泫然曰殆爲是矣深惟請罪不已轉詰氏氏亦無言乃合諭以人倫孝義而遣之自此氏底豫爲母子如初人稱其孝年七十五卒傳及曾孫還以縣令顯

周宥字在三號涵吾性斂讀書好談天下事嘗裒魯仲連之爲人曰鄒魯聖賢固不可及仲連天下

士易爲也時童子試多厄於府乃自薦于太守太守立試之得其文以爲大異遂具有名送學使者補邑弟子員隨食餼館於儀真倪少卿家數年少卿逝其子被誣殺人在繫將置辟有以計出之配沈氏氏家素稱閥閱止一女裝送甚盛有於綺縞侍御不一流盼氏賢值小姑嫁乏具悉以資給而身自布衣操作絶無怨色未幾卒有誓不再娶或慫臾之不爲動人以是義有攜二子及冢婦趙氏至都中子思觀與氏備極孝養意頗適年六十舉

孫文節公鳳翔宥抱之喜曰是在吾孫矣遂息仕
進七十二嬰疾思觀刲股進不效乃刺取肝和於
液危復甦久之宥知而垂涕曰孝子有子上天不
負此心也天啓甲子七月二十一日卒年八旬暨
八月二十五日晨趙氏夢宥曰孫已中式員郎報
至又三年成進士又十七年殉國難忠烈彪炳亘
于天壤得諸祖訓者裕也崇禎甲申贈文節公禮
部侍郎追贈宥如其官

周思觀字賓廷號光國涵吾公宥長子生有至性

稍長不逐兒童戲惟依依二人膝下執卷誦習或挽袂代操作尤親愛弟妹宗黨稱以孝及北遊燕而母沈氏卒聞訃哀毀骨立徒跣歸負土成墳既葬同父宦至京師垂二十載胼胝盡瘁以供菽水配趙氏脫簪珥濟之宦有疾醫者告以脉絶思觀剔股進畧無起色焚香禱天請身代不效夜屏人命氏率子女侍牀下戒無出乃灑埽具香案漏下將二鼓向天再拜祝因引刀析脇下出肝如指許和藥進之氣即續須臾索食飲病漸霍然思觀脇

下痕亦漸合嘗秘不言既而氏知之以語子鳳翔遂聞于宥宥撫鳳翔示思觀曰孫姿才秀異天其佑汝也宥于是日夕課孫凡七八年學就遂中天啟甲子榜第三思觀以宥卒哭不少損扶櫬歸葬鳳翔成崇禎戊辰進士官南京國子監司業迎養甚切思觀與氏偕行至則所棲止數楹容膝每膳限以二簋歸仍居敝廬不改其素常敝服艸屨獨行於途氏首無重珥衣不曳地與思觀有其同志子鳳翔身殉國難女同牢未及月而寡矢志靡他

或以忠著或以節顯皆思觀之教也思觀初封司業繼封少宗伯孝開于先故能忠成于後子臣之間至行昭垂今古有赫孫玉忠庠生恪遵先業無愧繩武長曾孫女賢而能孝名稱宗黨益見貽謀所及迄今未泯云國子祭酒倪元璐爲之傳

虞室號思齋忠肅公允文後裔也祖沛瀾遷麓湖庄父茲生室與宜而室之子敬賢敬道乃宜無嗣以姪敬道爲子室天性孝友盡以繼產助家廟公族祀至所餘厚資悉贍宜女曰姪繼叔祀非利叔

產額其堂曰畓耕終身無二色五旬郎茹素平生
謹厚自好足跡不履公庭恐以養性儉以周急遐
按李公瑞和奏其善行爲給冠帶享年八十有四
無疾而逝囑子孫曰惟好善可保人性種子愼弗
貪名利造後孽天報善惡毫不爽也𢽾賢以仁厚
與鄉賓敬道因征閩有功授尤溪令篤於孝思告
養母氏遂解組以歸遵室志捐千金助柴世盛創
育嬰堂于京師而越郡亦爲營建捐田置乳房五
十間附常禧門内外總督趙公廷臣旌其門曰慈

孝而堂中匾額巡撫朱公昌祚旌之曰樂善田公
逢吉旌之曰仁壽高風康熙甲寅土寇圍越城郡
守許公弘勳特啓
康親王及督撫二臺舉敬道父子信義足以靖亂安
民遂捐軀冒險躬入深山招安數萬餘衆越賴以
全獲免兵燹之患制臺李公之芳奏其功奉
旨旌賞子孫有加秩至三品者太守王公之賓親送
冠服以尊隆之并旌其額曰誠善格天人皆稱宗
世德之報自宜克昌厥後者也

金聯芳字韡仲別號少軒生有至性端重寡言笑惟時時戀膝下稍長問視必謹出入必告父信齋公軏母莫氏甚鍾愛之聯芳稟質羸弱弗堪攻苦以故不及於學年十七配鄭氏德性貞淑居恒相對如賓最以孝義佫事舅姑克恭克順得其歡心時仰軒公輅無嗣以聯芳爲子輅醫名鵲起貲入頗饒聯芳盡推所有以讓兄獨棲遲環澹如也量極寬裕里中少年有橫逆相加者解顔受之曰吾能三自反乎於若又何難焉與人締交和氣蒸蒸

如坐春風年五十有四子蘭貴登萬曆戊午舉人天啓甲子進士遇覃恩勅贈聯芳山東道監察御史氏年七旬再封太孺人左春坊左贊善朱兆栢爲之傳

邢廷文字仰城少好讀書兼習韜鈐家貧養親以孝聞歲除夕鄰人入其家梁上廷文贈以金勸其改過然終身於妻子前不揚其姓氏也嘉靖辛酉倭犯寧波奉海憲檄追勦親斬三級于戴壘湖陳撫綏紀其功授以職子大有大忠俱登進士封通

議大夫孫六人錫禎錫禧登顯秩餘皆庠士以文名著於世

何嘉琳字玉林其先數世爲清白吏稱山陰望族嘉琳仁孝性成讀書敦行誼自幼卽棄舉子業覃思好古發而爲詩滯中間爾梅以阮嗣宗許之母吳氏病亟刲股至再呼天嘔血願以身代不解帶者累月無何疾革哀毀骨立廬墓所每食必哭奠之期年而殁僅二十四歲聞者莫不隕涕妻章氏都御史劉宗周門人明德女也自嘉琳卒氏矢栢

舟之志二十一年如一日云

諸彦僑字爾肅庠生鴻臚寺卿希夔子慷慨好施意氣豁如念父年耄在京邸不克供菽水歡卽至於父所父遂引疏乞休旋里舟未至夏鎮而父母相繼疾卒是時饑疫交作羣盜猖獗競入舟掠所齎疑有黄白藏于兩柩持巨斧而前必欲啓視之彦僑慟之不止曰寧可碎身盜怒遂剸之亦一盜曰此孝子也盍舍去柩以是得終不啓左論德周鳳翔爲之傳

陳弘先字士任甚聰穎八歲能文九歲補弟子員士林有小秀才之名菽水承歡居喪盡禮宗黨目爲眞孝子以女聘完弟輩姻其友愛尤古人所難冢宰商周祚敬其爲人延之爲師崇禎甲申四月聞闖賊變憂憤數日而卒

皇清俞永芳字鼎卿賦性孝友年九歲祖疾刲股療藥縣宰鍾震陽欲旌順孫輙堅辭之及補弟子員文行益茂順治戊子寇掠夜執其父去即號哭往請代繫昆弟皆聚首求釋巨寇不允衆邏卒僉環

呼曰我輩向年饑餓獲其賑濟全活甚衆今誤執善人之父宜釋之不從我輩皆爲星散寇即下堂解縛曰其閭人多矣未有如公家父子兄弟者即送之歸及父病衣帶累月不解歿後廬墓數年卒之異香盈室白雉翔庭競傳其爲仙逝云弟奕芳郡增廣生敦行尚義人共稱之

〔金朝聘〕字鳳山父自幼病聾瘖朝聘跽進飲食儼若神明四十年不離左右順治乙酉時方兵肆掠入門劫其父朝聘挺稍大呼刺之賊驚却父得免

陳上俊字顯明少孤事母潘氏色養備至不翹人過遇橫逆至亦與以和顏昆弟親朋始終無間言數奇不得志退而教子可畏成進士除廣信司李隨之署惟以任氣輕事爲戒可畏雖屢遷秩獨祗冀於庭訓兩受覃封如子官生平好善置祭田立義學鄉人迄今思之崇祀鄉賢

祝紹凝字文禄號瀛洲克盡子職色養無違情篤友于同氣式好人以孝友稱之耋歲蜚聲黌序登

順治丙戌孝廉任常山教諭明倫課士迄今嘖嘖配陶氏恭儉淑愼母儀無忝子弘堎克承先志行誼醇謹推重一時歷試高等隨即食餼邑庠文名夙著凡丹黃所及海內輒奉爲典型孫鈞鉅二人下帷勵志允無愧于世德云

金機字仲星別號虛湛年十七補邑增廣生太常寺少卿楚畹公蘭次子性至孝五歲母孺人王氏疾依依左右跬步不離母卒擗踊如成人暨父貴機痛母不及見語未嘗不流涕也及事繼母孺人

吳氏孝敬無違順承辭色兄樞蚤歿痛哭殆不欲生凡一錢尺帛之出入悉籍誌之非以自私崇禎庚辰孟春雨雪浹旬米價驟湧道殣相望爲之捐賑平糶念及遐陬僻壤無告之民甚衆特呼艇載青蚨白餐深入村落見突無炊烟輒贈以斗粟百錢不告姓名而去所居南池謝墅西巫九里之屬數十村全活不可勝紀山陰民方世恩會稽民車仁蕭山民鄭念宇各以窘故將鬻其妻機捐重貲俾完聚至比閭姻族饑待炊寒待纊殁待櫬無弗

悉如其願他若急難解紛隱惡揚善本於中誠益有惟日不足者性尤嗜學好古寒暑手不釋卷屢試有司咸高等四薦於鄉勿獲售遂絕意進取放迹泉石止以養親課子爲務配馬氏諱靜因字生生子萬曆巳未進士少參公維陛長女敏慧絕倫七歲隨父於東莞官邸即善吟咏值父病侍側三月餘潛刲左臂籲天嘿泣茹痛不言及父歿號慟嘔血幾以身殉居平以未逮事姑爲恨其歸里詩有蘋蘩未奉先姑面聽指遺蹤幾悵然之句讀者

悲焉機固樂善好施氏益仁厚斥簪珥以佐之時里民徐尚家甚貧孿生二女不能舉已溺盎中聞之遽遣人諭止令乳其一而一寄鄰家皆月貲以錢帛滿三歲而罷後二女俱成長適人氏雅慕高潔焚香匡坐餙躬制行始終靡纖瑕可指享年四旬舅蘭谿以孝慧機義不更室待見女輩慈愛無閒嘗曰吾於諸子以父而兼母於諸媳以舅而兼姑也年五十有二殁之日遠近悲哀至于巷哭失聲子烔邑庠生纂修山陰邑乘煜順治丁酉孝廉

戊戌即雋南宫任郯城令康熙癸卯分校秋闈得士五人皆知名於山左者

姚允覲字大來博極羣書教授生徒著孝經類解孫泓蚤失怙恃最貧苦侍祖母馬氏遇土寇圍城過羅泓以甘旨供而自忍饑餒適柱傾中氏首泓以身抵柱幾斃氏奔脫獲生閭里共稱其孝

陳箴言字庚卿崇禎壬午舉人性至孝母婁氏年十九守節至九十有二箴言家無恒產藉館穀以備甘旨甲申闖變棄職遁歸優游二徑壽至百歲

秦長春字伯晦生而穎異淹貫經史甫遊庠即食餼事父母以孝聞前後三喪獨襄其事鄉黨有嫌怨未平力爲解紛人皆被服盛德有感歎泣下者順治辛卯授輝縣令輝同稱沃壤遭寇氛蹂躪之餘按籍有田徵糧無課前令俱以嚴刑濟催科長春憮然曰輝之民獨非屬毛離裏者乎余不忍以牧民者斃民凡逋賦杖不踰十獲免斃欵復以蠲荒詳院題免歲額六千餘兩民有搆訟令自拘審釋差不下鄉案不留牘若詞涉誑詐即擲還本告

遇大案置三木於不試邑人稱慈父母焉暨歸里
怡情丘壑倣古耆英會偕同志飲酒賦詩以自娛
樂年七旬九妻夏氏繼室章氏咸有淑德子宗游
積學敦行名著鄉邦登康熙己未進士授翰林院
編脩因
覃恩敕贈長春如子官孫懋楨懋桓俱庠生
謝昌明字完我邑庠生孝友性成家貧聚徒教學
妻林氏紡績助養昌明事繼母以孝聞病篤叩天
祈禱至誠感格危而復安弟昇明蚤卒撫孤姪如

親子教訓成人弟婦徐氏青年守志七十載壽享期頤宗族閭里高其全節人皆爲昌明行誼所致也

曹琦字又韓廩生康熙戊午鄉貢孝友誠慤母病三年衣不解帶家甚貧藥食不缺母歿哀毁骨立琦親陳越州因子歿媳寡孫甫週歲臨終以萬金付琦琦出入登記教養其孫秀彥朝夕不倦秀彥年二十即食餼琦悉以所付者返之毫無染指其介節如此易簀時異香滿室殮葬無資秀彥感其

德義多有所助云

俞宗嶽字長卿太學生博學好古文詞生平尚義行自許遇婦女被難輒鬻產贖之値水旱每歛藏租不能償者還其券鄉里有急需必經畫區處竭巳資以相助父廸功郎弘舜疾刲股致瘳爲文籲天求減算以代及父卒廬墓三載數十年後念及即隕涕沾衣居家嚴肅動遵古法凡冠昏喪祭之禮考訂最確鄉里皆取質焉有祀事則踧踖待旦祭物必親省數四乃巳子應華郡庠生敦孝行擅

文名士林重之

黃尹哲字雋子性至孝父疾刲股者再中年喪偶守義不續兩嫂孀居敬事如母訓其二姪俾之成立焉康熙浙闈寄籍昌平登順治丁酉舉人善屬文所著古今帝王將相論次十餘卷從弟奎齡崇禎壬午鄉薦任高安令嚴禁民間淹溺子女捐俸給養存活殆千餘人同里有金姓者宦於江右而死鬻女以殮奎齡即爲贖歸畜如已女後挈之返還其姑仍爲酌配越人共高其義

葉良玉字君林事母以孝從劉念臺公宗周講學宗周稱之曰君琳外和而內介行潔而言溫眞道學人也崇禎甲申闖變涕泣悲憤屢欲自刺其母持之曰汝未祿而欲爲忠臣予撫養而反無孝子乎予止育汝汝死予將誰依良玉揮淚奉母避居深山自號深山野人又號今非子後受徒於鏡湖侑誨人以忠孝禮義爲先常曰功名富貴如烟水蘆花得失何與於我也晚年好頤養之術尤喜坐禪年六十有一

戴斌字聖孚始祖察罕帖木兒爲元樞密院使歸明任紹興衛指揮同知斌父大圓世襲領運漕糧爲運丁侵餉缺額計無所出斌在京師素慷慨豪俠士夫夫重之贈以金錢不數日而額足司農嘉其代父完糧之孝移文司馬命其承襲回衛釐奸剔弊共頌廉明掌衛印有惠政立碑白馬山麓順治癸巳領運後帮嚴禁侵餉旗丁十餘人乘氷凍夜入舟中斌拔刀禦之遂被害然英蒐不泯十餘兗忽見斌乘馬掩面親來捕獲無一人漏網者奉

旨贈以郵麾歸葬桐塢察罕公墓側

許大信字樂信孝友誠篤繂然有古君子風鄉里共推之年八十二妻胡氏生子光會繼室孫氏生子光德光有光受俱克紹其世德云

何光紳字見其世有令德隨父僑寓京師天性孝友謹厚不言人過與兄弟同居共爨終身不事分析凡親族往來都門者延接無虛日其成人婚嫁助人喪葬與給道里諸費不可枚舉俱出以至誠周恤雖傾貲不吝也同姓有產女而亡其母者貧

不能覓乳媼配徐氏方以數十金構一婦乳其孫人語之故光耕周氏惻然遽命輟其孫而乳之兩歲方令抱去忠信好善沒世不倦暮年端坐而逝子四人天爵天培同登康熙丙辰武進士天爵任廣東大埔營遊擊天培榜眼御前侍衛任浙江提督中軍參將俱戢兵愛民而武備與文事兼優有輕裘緩帶之風焉

朱用礪字若一號冰在庠生錦衣衛指揮使壽宜子順治辛卯用礪援例入北雍授國史院中書舍

人先是伯兆寧無嗣以用礪爲後及用礪任松江郡丞丁繼母張氏艱旋里守制更擇承祀分給資産服闋補任臨洮聞本生母王氏訃循例治喪可稱篤於孝思弗以財利易念者也復任永平有惠政歿於官署士民鐫石立祠子禀延貢生候選教諭禀建禀廸禀廷俱習儒業女三人而長女有孝行適儒士商奕振躬紡績以事姑嫜年甫二十三卽奉宗黨謚以孝惠生一女字兄禀延之子爍爲室

徐時遲字玉宇世業儒性至孝娶陳氏事舅姑盡得歡心姑疾經歲未瘳祈禱感格病即痊氏逾年卒時玉宇年甫二十五誓不續娶生二子育女適馮居正青年守節玉宇晚得重疾子媳皆爭先割股年六十五知縣高公登先旌其門曰孝義齊芳

何嘉祐字子受號定莊性篤孝友不吝施濟於書無所不貫髫年補邑弟子員文名籍籍順治甲午恩選入北雍諸朝貴爭設皋比諮時事當否甚悉以謁選授奉新令廉幹有惠政都人士肖像祠之

以治行最擢戸部主事奏蠲江南逋賦一百餘萬奉使往撤粤藩應變不辱後改授御史敷奏皆關國體風紀肅然巡視河東鹺政值鹽池水漲商困甚齋沐虔禱水遽退人謂忠誠所感子偕載俱太學生

朱達字道行號一軒生有至性母馮氏蚤卒達以不獲終事所生爲恨語及輙嗚咽流涕終身如一日善事繼母吳氏宗黨以純孝稱之授豐城縣尉未蒞任而父大圭殁訃聞幾不欲生曰我忍以五

斗米遽忘劬勞耶遂不仕伯華初無嗣以達爲子
華初久登宦籍卒于長沙達生未倅匍匐奔喪
叔乾初亦卒于任達不辭千里扶櫬而歸克營喪
塟撫育二弟俱獲成人贍養寡嫂以終其身尤好
施與重然諾自親族以及閭里待以舉火者不可
勝數遇最難處之事必悉爲排解以故二十餘年
足跡遍天下而坦懷亮節無不咸高其義至教廸
諸子惟以和厚存心撝謙處世始終誥誡長子培
康熙丁巳貢生文行夙優名著當世戊午就徵辟

御試詩賦須俸賜宴上林榮之候補縣尹次子均任
平遙令恪遵庭訓清廉自矢遇
覃恩勅封達文林郎如子官兆授遼山令誠於愛民
咸歌其惠垣坦墧坤或遊國雍或列邑庠皆春華
秋實之選孫十三人而鎔以英年蜚聲黌序尤爲
時所推重焉

王觀昉字子初父大理寺丞應遴崇禎甲辰殉節
觀昉覓父被賊酷刑雙足俱潰匍匐負屍具殮間
關數千里歸塟居家四十載與弟華日以祖父忠

孝之言訓廸子姪俱至醇厚子國英庠生客秦中康熙壬戌春觀昉致書云八月歸尚及見耳國英即心動兼程歸里而觀昉已不火食者一月矣中秋後五日忽晤前身賦詩而逝詩曰綠蘿洞山道人棲悞落人間塵網羈大夢覺來歸去晩一團明月碧天西

薛應聘字空如秉性孝友出入唯謹登萬曆乙卯舉人授長汀縣令歷任東昌兖州郡丞淸白自矢俱有惠政民歌祝之子國福庠生恪禀嚴訓兼行

善事凡親黨閭里有顛危疾苦者不惜捐貲以周給焉長孫乾元次孫掄緯斌宸輔建俱世其德而掄尤篤於同氣凡有錙銖弗以自私爲諸弟全其婚娶生平誠實不欺與人交溫厚和平肝膽相示有古烈丈夫之風配朱氏孝行賢德贊勷家政三黨共推掄之聞望日隆者皆由於同心之內助也掄所育諸子皆聰慧不凡眞無媿於河東云

包希聖字皋緯宋龍圖閣直學士拯謚孝肅公之裔幼篤學精敏磊落有大志生平敦尚孝友風規

卓立天啓朝以歲貢授藩府長史歷任鴻臚寺通
政司俱有聲望言事不避權貴律身以正待物以
誠崇禎元年誥命追封父母晚年悠游林壑構梅
花書屋近水築心遠樓陛舫頗以詩文自娛人稱
爲東山重望云順治戊戌歲卒時年五十四子燦
烺俱庠彥行誼文章彪炳於世

陳長吉字履謙自幼失恃祖母馬氏益憐愛之長
吉視膳問寢唯恐失歡及氏卒毀瘠骨立竭蹶盡
禮宗黨共稱其孝行焉年未弱冠即肆力於古學

補郡弟子員文譽籍甚崇禎壬午歲凶炊粥糜以濟饑者且勸宗黨倡施多所存活又念本族子姓甚繁恐久無歸葬聚族議鳩金擇盛塘山地數十畝爲陳氏公阡并建宗祠以妥先靈焚契券以安貧乏之值郡學傾圮當事捐金修之令學博舉諸生德行者董役長吉共與其任不辭勞瘁黌宮煥然居躬和平樂易與物無競生平不言人過遇乖忤直茹之無厲色誶語雅好史籍焚膏繼晷及老不衰徜徉山水指點巖壑遂自號鑑湖逸叟享年七

十有四配俞氏婉孌柔順恪事姑嫜子六人士鑅士錦士錫克承先志俱登仕籍士銓任臨安府參軍秉性孝友樂善好施所著篇章悉本至性人咸譽之士鐸士鋌有聲黌序諸孫濟濟家學相傳皆謂積善流光食報葢不爽云

錢廷枚字梅臣吳越武肅王二十四代孫性孝友存心行事悉歸長厚勤學好問孜孜不倦積勞成疾年二十一而卒妻孔氏十四歲于歸十九郎爲未亡人守節矢貞斷葷衣素終身不政事奉舅姑

克盡婦道暇則繡佛誦經頂禮甚肅子文廣甫四齡氏愛養備至而教誨極嚴不少姑息深閨獨守言笑弗苟茹荼飲蘖艱苦倍常每念及未子輙痛哭盈襟以致悒鬱抱疾康熙甲子仲春八日申時卒臨訣時唯念佛數聲而逝氏年三十一宗黨姻戚無不隕涕皆云全生全歸無媿女貞謚以節孝合葬于楊篠塢傅士公墓側子文廣篤於孝思居喪盡哀見者謂廷枚有子克振家學而紹世業焉

諸福生字敬雲孝娥七世猶孫也父五雲禮部儒

士教授東嘉卒於館家貧福生聞訃徒步負骸歸葬棄舉子業唯以治生爲事孝養祖母及母皆以上壽考終崇禎辛巳夏越中大旱久禱不應士民舁皇福生齋禱刲股於城隍神前甘霖四霈歲登太有萬姓感德邑侯汪公中請給匾旌其義行焉

趙萬福字攸同幼習儒屢試不售遂改途得武職父養元早卒事母沈氏克盡孝道母常疾篤萬福同妻丁氏晝夕靡寧憂形於色中夜焚香告天願以身代刲股肉投藥餌中母飲之疾愈後以壽終

廬墓三年墓前產靈芝九莖子宗業媳胡氏皆以孝聞

漢萬邦字寧陽性至孝樂善好施鄉閭共高其德妻沈氏相夫以敬教子以義壽至九旬有五子奎任長安令清廉自矢民咸頌之室人張氏貞靜幽閑婦德母儀著於宗黨生子元衡鞠養備至而又義方爲教不減九熊畫荻之風焉元衡恪禀慈訓蚤歲遊庠卽食餼文行並茂有聲于黌序聞妻王氏與元衡同志上事舅姑祗承弗怠人謂三代孝

友一門雍穆繩武貽謀越郡之所罕覯云

聞嘉爵字實甫爲人慷慨有大節性至孝父病劇時刲股和藥而瘳有司旌其門友愛昆弟終身不析箸寡嫂青年矢志事之如母贍其生以全其操通都服其高誼鄉鄰有雀角者出片言立爲解紛一生足跡不履公庭齒德冠一鄉舉介賓辭不赴飲以布衣自老配蔣氏繼娶石氏生四子嚴於義方長在上康熙壬戌由國學生任眞定府經歷擢嘉定令居官有賢聲清廉仁愛以勸民十則廣布

傳諭建義學俾闔郡之人敦行明倫開濬河道於城隍廟立誓一介不取實心任政制臺于公成龍給區以旌之日勤慎賢能民感其惠建生祠每遇在上生辰則設像鼓樂以迎遇

單恩勅贈嘉爵宣議郎妻孺人如其子官次在德列名成均在榮候選府叅軍在豐授州同俱恪承世業人以爲善報云

盛守寧字禎甫別號禹州幼失怙恃依大父兄弟以成立孝友性生惟誠身立德爲務負笈從師舉

明經領州郡甚有賢聲迨致仕家居值歲饑荒四
告守寧四次捐賑全活多人兄弟終身同爨有司
榜其門一曰孝友純篤一曰好義施仁子孫迄今
同居世彰孝義且好學能文簪纓不絕咸謂積善
之有其餘慶云

何天爵字子脩與季弟天培同登康熙丙辰武進
士惟至孝友與伯叔昆弟同居三世未經分析情
意諄篤人無間言自幼穎敏傳洽膂力過人喜習
騎射技稱絕倫丁巳粵東歸順

朝廷命提督王可臣鎮守之可臣欲得智謀之士偕往遂啓疏天爵名奉旨以遊擊優用隨征贊畫屢建奇功潮郡大埔爲閩粵咽喉特設遊擊防禦天爵涖任後土寇窺伺者不下數萬勦撫兼施巨寇葛登標等傾心向化遠近悉安復設墟市通商惠賈耕鑿日繁民享樂利郡邑皆慶更生焉 因滇黔蕩平奉旨裁營另補督臣吳 公興祚覩其措置有方兵民愛戴欲 題請留用天爵以勞瘁嬰疾便道歸省墳

基卒于四明季弟官署人咸惜其才猷未得大試云

陳毅字五樹少遊郡庠才學淵博性孝友幼孤事兄天寶天福如父後二兄相繼卒即以家計付姪鳴鳳弟敷有將帥才天啓間從大中丞朱公燮元入蜀討奢崇明之亂戰撫之功居多手擒崇明之子寅時留鎮成都卒於官毅聞訃悲痛不食者累日即促裝奔喪時學使者洪公奇毅文謂其是科必售振弟二親友勸其塲後適行毅泣曰吾弟殁

於王事方寸已亂吾行安可退避也至成都扶櫬歸以其次子繼昌爲之嗣贍敎婦王氏終身而成其節焉縠以子繼美貴遇

覃恩贈鹽城縣知縣

薛萬昂字驤仲庠生以硯芸奉親盡孝繼母王氏病危萬昂甫十齡禱祝嘗湯藥每夜籲天期以身代刲股致救疾遂瘳娶鄒氏結褵三載即卒誓不復續有子匡之篤於孝思晝夜侍親膳承歡養志補博士弟子員歷試前茅膺訓抓巢不受修脯其吉

如有義學焉長孫治以奇童遊庠文行卓絶見器於郡邑諸當事宗黨俱美其箕裘之克紹云

聞士琦字湛清號青巖研心制義寒暑靡間落筆軒爽不喜曼音父赤城與弟霞城友愛甚篤不析箸者終其身士琦屬赤城冢嫡年十二喪母撫育於祖母奉事至孝暨弱冠父嬰羸疾割股以進卒不痊哀毁逾禮見者悲之因昆季食用維艱不得復守章句歷遊四方所至契合蓋天性寬深諳練世務重氣誼不屑交錙銖故人多欽重焉客遊所

獲委二弟不一毫私妻子遇羣從皆有恩讓產置
室多方曲成與同毛裏者無異至篤姻族厚知交
凡利益人事不可縣數越中雍睦必屈指聞人
氏云康熙十八年授涇陽縣於甫下車即解滌煩
苛一以寬簡從事減刑罰免贖鍰愛民如子一邑
大和當事以士琦治行循良競欲首登薦剡爲諸
邑有司勸上琦不自汲汲盡職殫瘁竟以過勤疾
作遂爾不起吏哭於庭民哭於途諸憲長亦俱惋
歎曰何遽奪我聞君若是之速耶及訃聞于越凡

感其解推之德者俱爲流涕不置子樫篤於孝友

英年蜚聲黌序遇試輙高等妻胡氏夙具賢德孝

事姑嫜識者知樫爲能纘承先業昌大其後焉

俞光基字鎮南有至性少以孝行聞父大進遘疾

光基親侍湯藥目不交睫者累旬已而疾轉劇光

基泣曰是非藥石可得療也焚香祝天刲股肉液

於藥而進之父疾竟愈後十年乃卒人咸謂孝感

所致康熙元年舉鄉飲酒禮光基以耆德爲鄉賓

焉

何貴仁字宜中六世祖詔南京工部尚書立朝挺直有古大臣風祖繼高爲理學名儒歷官江右叅藩所致多異政父國輔列丁卯賢書世稱盛德長者必曰紹寧先生云貴仁幼遵庭訓卽秉禮蹈義弱冠同兄天寵登壬午順天榜生平敦孝弟重然諾排難解紛人以爲有魯仲連之遺風焉子嘉瑛名著國雍文行兼美克承先志士林爭器重之

史宗垣字維城家世孝友父文炳邑諸生篤志經史每祭埽未至墓所輙先流涕宗垣天性至孝色

養之外備極承順鄉黨里上之郡邑俱表其閭由太學生任夏津邑丞壽擢京衛經歷居官唯教人孝弟敦本力行及解組後遊寓白下惟以施濟爲念遇歲歉更傾貲賑恤子彬婁縣令彰榮昌令垂統候補通判彩上海令孫昭傳鳳陽令政聲所著俱彪炳於一時孫曾蕃衍繩繩未艾人以爲孝行所致云

李光霽字惺存萬曆間三舉武闈父鋭居官狷介僅畱産數十餘畝光霽弟光霖中年夭卒當易簀

以子女指示流淚嗚咽不能言光霽悟其意即曰我父所遺之産悉以付姪至姪與姪女婚嫁之事我當力任爺可無憂光霖聞之隨即瞑目光霽果以田由紙如數付姪宗黨俱稱爲孝友歷署海寧與嘉興之乍浦定海之石浦偕士卒同甘苦所至之地咸以佛子呼之去則涕而送于境外伏地久而佇望以返因軍功進封昭勇將軍性好學韞櫝典籍浙撫陸公完孝每詢以奧籥隱帙了辯如響語人曰此邵武書厨也生三子長朱爔蜚聲黌序

次元豐順治庚子孝廉豪俠自命有所貸甯不應
季元坤通五經登順治丁酉鄉榜任雷州府同知
清廉愛民治行爲東粤第一分校康熈辛酉文武
兩闈得士二十五人俱係名宿元坤箸書之暇
工吟咏所著有静遠堂詩集行世諸孫名烈肯搆
玉樹臨風可稱無忝祖德者矣
明劉壇行貴二謙仲子新婚方孕即垂淚曰父代祖
吾不能代父乎若孕生子宜名錦竟長往不顧至
黔謙屢遣之歸輙慟哭會謙遝繼奮身代役溯𣲖

孟子河翁圻字居賢謙季子痛謙歿戍哭曰父代祖歿吾獨非人子乎跋涉萬里數年求骸未得朝夕慟哭行道悲傷類王忠文子滇南慟哭記人稱國初滇黔兩子信然

劉鐩號毅菴謙家孫坦長子也謙壇歿所司行原籍勾丁圻子鐄挺身願往鐩曰父遵祖命居守仲叔壇歿祖戍季叔圻求祖骸終天之恨吾獨可苟免乎吾得見祖祖與叔歿戍遺跡歿且不朽遂偕行歷荊門洞庭沅湘彭蠡金陵所至哀思題咏備

見乎詞從弟鑌號檜軒諭李孫圻長子也勾丁宜
鐩行鑌曰吾父求祖骸未得吾將徧求以成父志
力辭鐩鐩不允同上貴州終未得骸日夜號泣復
念王事若代役有人不妨委曲以安全子孫者仰
慰祖父在天之靈正仁人孝子旣竭心思之苦衷
也始永定役事無復勾丁者人又多鑌之孝謂圻
復有子能不愧諭云

〔曾元錫〕字晉侯崇禎丙子科武舉明時有功世襲
錦衣衞髫年未娶侍母至孝母病危篤元錫衣不

解帶湯藥必親嘗始進禱天願以身代母病即痊
鄉黨稱其純孝甲申遭李賊之變爲賊所執不屈
氣節激昂賊不加害名節克全後即攜眷歸里又
值越郡水旱饑荒餓殍載道元錫易產賑救活命
無計通邑皆以好義目之暇時惟課子讀書長子
越登仕籍次子超孫中翰歷任松江府知府元錫
以子超貴顯遇
覃恩封奉政大夫康熙壬戌崇祀鄉賢季子起任平
樂令俱恪纘父志所歷宦途綽有功績諸孫濟濟

無媿象賢燕翼貽謀不能不推其所本也

李元豐字茂先昭勇將軍光縉仲子也性至孝處遼海時遭困頻殆在難不忘其親緘百金以寄又以父嗜飲別裹杖頭致之父每歎形於面客遊在外後歸里十年侍母晨昏不少離孝養備至其遇兄朱熾弟元坤始而易衣繼而共帳均產共爨友愛甚篤猶子盛年及期婚娶又授田以佐其日用姊因亂僑居剡水迎而歸之越中稱孝友者首屈指焉少英敏博涉經史不屑章句聲律之學嘗歎

曰大丈夫當立功疆埸何咿唔槖戸老如雕蟲爲
遂出匣中韜鈐及孫吳書旦夕揣摩順治庚子赴
浙闈御史楊公旬瑛見元豐狀貌修偉異之視騎
射復居高等曰浙固多材其堪任大帥者李生耳
遂得雋至其素性慷慨喜任俠無私財有告以急
者覘囊中蚨隨手散盡最好排解居人有以兄弟
婚姻構者出一言即消釋值嶺表初定縣令以由
單踰期上應處分元豐適與縣語當路曰當此軍
興旁午宰百里者供芻糧無少暇一由單遂以詿

謨歸之何以勸勞吏且地方新附官不宜數易除一官經萬里至其境亦艮苦於是得免議人以此服元豐經國之謨任人之畧處事之智而官粤者不知其邀寬恤者之奚自也交滿天下需其潤滇稔其才者皆以旂常圖畫相卜乃迄未竟厥志而逝人咸惜之子廷基列名國雍敦篤孝行緯有父風禮部主客司主事陶作楫爲之傳

陸百成字省莪性至孝有弟三人父母溺愛而憎之百成孝養益謹及析居則以美田宅家貲歸其

爺以順承親志惟取敝屋數椽磽田數畝自給凡親故有婚喪不能舉及窮乏者無不竭力相助嘗謂家人曰人生斯世貴以心性陶淑斯世其次則有財能散以補天地之憾無事鄙吝聚爲子孫驕奢淫佚之費卒年四十有五遠近聞者莫不哀之郡守許公如蘭額其廬曰孝義可風子霽臣字匯九少孤尚高節淡獵嗜古崇禎中游京師錦松告稱出奇策干當事不用母老無以養乃以明經補溧陽學博歷南海太平陽武縣令追承父省裁公

遺訓力行不怠故通籍二十餘年所至輒問民疾苦蠲積逋均徭役給牛種捐置庄所安集流移於親族鄉黨毎分俸而周貧乏焉及解組旋里環堵蕭然惟杜門著書聊自娛樂有左傳合傳三十卷行於世居鄉不預外事郡守王公之賓高其品行延請鄉賓子孫濟濟恪遵義方俱以淳厚見稱於世云

明姜應奎字星聚善事二親竭力承歡撫育子女教養兼至一鄉稱爲善士分守寧紹台道甯公申詳

三院屢受憲獎表揚其廬給以冠帶俾榮一身今

子若孫俱恂恂自好爲能無慚舊德焉

唐大烽字孝屺禮部儒士任德藩典儀因母夏氏

積病未瘳遂辭職歸養宗黨咸頌其孝行子今斌

值父疾刲股和藥以進父飲之即愈母章氏病篤

復割臂籲禱母亦獲痊闔郡俱稱爲篤孝傳家云

莫可尚字爾仁孝友惇睦終身無違兄可京身故

無嗣以次子之承繼焉可尚爲明靖江王府掾攜

妻傅氏同往之承甫六歲即號泣沾襟不忍言別

年漸長事繼母以孝母亦善撫養之但以本生父
母粤西未返居常鬱鬱一日撫然曰生我育我兩
不可忘今吾已有子獲延宗祀而生我之二人自
鼎革後久鮮音問豈可安居不爲一念及乎因哀
痛欲絶爲尋親之計渐東去粤七千餘里路經險
阻而兵戈擾攘隻身奔走絶無怨懼至平樂府詢
知生父已殁生母又隨外祖在横州任所是時南
寧未闢欲往無門望空號慟悲不自勝遂積哀成
病效而復甦之永又瞿然曰吾間關萬里本爲父

母今父辭人世母又隔絶兹何足惜但徒兹無益
不若苟延餘生期與母會於是扶疾負遺骸旋里
至都門覓幕往粵再圖尋母適
朝廷統一寰宇生母已從廣西回越之永即束裝南
還生母繼母完聚一堂奉養無間後之永著名國
雍考授州同子大德同登仕籍大經早列膠庠翮
翮不凡俱屬俊材人咸謂其食孝之報焉
屠景俊字泰晨邑庠生曲承孳母四十餘年寒暑
晨夕不間俗有梅里孝子之名值崇禎甲申李闖

變遂隱居七賢橋側終老林泉獨以詩書自娛于世勳慷慨施義守父遺訓甘自恬退孫復隆篤行好學名著藝苑康熙壬戌恩貢有吾鼎堂詩問世

韓倫字五完魏公琦十八世孫四歲喪母號泣晝夜不絕骨立幾隕迨弱冠撫於嬸憐孱幼寬晨昏謀倫譬頴竊藏燈勤讀雖未奉咕嗶如已授師異之嗜閱史終身不忘具匡濟天下之志遭家多故棄雕蟲業承懽邇甘旨餘不再進偶遊楚爲父推

壽於楚之星者云其年月限阻歷稚七十餘家不約而畫倫齋沐三旬借齡於武當山之眞武帝接武甸叩四十里是夕夢神曰嘉汝誠賜汝父壽一紀屆期靡纖疴倫生平好施凡告顛者必悉力援之事兄曲謹兄卒任姪撑腴產弗問鄉先生祁彪佳與倫稱忘年交崇禎辛巳饑變起倉卒彪佳雪夜徒步至倫家倫商處饑策條指坊里廠給錢米藥粥翌日告守令示賑活民無算彪佳每稱倫孝義於當宁累與賓筵年七旬有七惜未徵仕云

沈寅範字鼎生號亮菴工部都水司主事懋先季
子也生而岐嶷勤學好問年十七補諸生叔懋仔
逝世遺命以寅範爲嗣繼母鄭氏素善病寅範延
醫侍疾衣帶不解凡可以娛親心者盡瘁極費必
誠必信鄭固宦家時值凌替寅範爲之敦睦親誼
分室授産鄭氏歎曰有子如是不亦勝於巳生哉
生平重信義好施與嘗以喫虧忍辱四字自矢曰
巳肯虧則人不虧巳能忍則人不辱奉爲終身親
友有告貸者輒易産辦給以責償爲恥間有背恩

之徒構釁啖訟情不可受寅範獨憐其貧厚贈以遂其欲逭其發復流滿以時之周恤其子孫無虞日生父懋先念其繼產無多當病革析田七十餘畝寅範爲巳已出繼不逾年而全璧之兄固讓勿受至解人之厄濟人之危無論親疏上下勿吝重貲勿辭寒暑勞瘁至老不倦值家業淪落訓子弟曰爾輩無憂也賢而富則損其智不肖而富則益其愚以故人之負之不下四五千金而寅範自視若終身無一負巳人也其孝友盛德如此妻倪氏

素秉淑慎事繼姑以孝聞早卒寅箎年未五旬不
謀繼續弗置妾媵齋居一室澹如也晚年究心禪
說年七十有一臨終正襟危坐言語從容俄而異
香滿室怡然以逝親族閭里下及負販屠沽聞之
無不歎息悲悼人咸以爲積善之報云子五麟太
學生五鳳康熙丁巳科舉人俱恪承父志以文行
名於世

沈禋字思甫號雲橋文學西峯長子也至性大碹
幼以孝聞暨長歷遊齊魯燕趙所獲豐貲色養承

歡親殁之後凡屬錙銖悉以公諸昆季昆季有不足者委曲周之并爲代償逋負殆數千計終無難色猶子數人俱完其婚嫁宗祠在蕺山之陽歲久傾圮特置廡樹石廟貌聿新至如鼎建祠宇通理津梁掩埋骼胔所費無算嘗自謂吾無他能獨一片忠信心可對天地故王積齋方伯沈會峯觀察皆近世賢者不妄許可極爲推服鹾臺左公重其德行令有司具冠帶給匾以榮之顏其匾曰月旦稱良郡邑敦請鄉飲禪年七旬有七子應暘應奎

孫孌崧華咸恂恂自好恪守遺訓云

賢雲翔字飛擴庠生性孝友兄弟四人各析田八十畝後兄弟貧乏不能自存雲翔將已產公之兄弟毫無追悔宗黨俱推其爲難能焉

章琢字天球貢生幼有文名爲人坦率慷慨任義能疏財排難解紛鄉黨依重琢有三兄相繼而亡琢曰兄俱逝世寡嫂幼孤無依膳養父母惟予之責琢孝事繼謹後父母卒獨任喪葬諸費且爲三兄營葬地教養諸孤完配授產事諸嫂若母更置

膳田俾資養殮凡本支至三族外貧乏者俱賴以
舉火有市兒須糧鬻及妻女琢問需幾何給如數
贈之令其完好賣菜傭弗獲售琢售之使得易米
以歸人咸歎服蒿壩有船埠居民四十家藉爲衣
食田提督新置營艘奪其利民懺之訴於琢琢令
上顧督撫判歸民埠官船不得侵奪田無何復以
新設營艘變價千金琢傾囊代償遂杜後患居民
共在一券與琢琢焚之至今尸祝不衰生平虔奉
大士年五旬得兆而舉一女爲菩薩益廣至五十五

連舉二子長元齋次淑鋒未弱冠俱列宮墻女聰穎知書孝行賢德宗黨共稱適太學生金熙次女適庠生石之祥孫五人俱謂琢孝友積善之報琢年七旬有二卒之日無不慟哭失聲者

薛化龍字雲從明初大儒德明裔也孝友純樸治己教人以忠恕爲本敦倫睦族排難解紛雖橫逆類加笑而受之有唾面自乾之風至祖墓宗祠諸事獨身任其艱鬻産以從兩伯遺金悉還本姓王宅逸婢夜奔泣不肯去化龍秉燭以還其主所典

鄰人房屋十餘載不忍迫其移居故主停柩數具堅掯彿移化龍亦憐而不較也其生平寬厚大概如此父終之日瀝血告天願以身代其弟化麟亦刲臂救父父七日復生享年八十有三人咸謂純孝感格蒼穹所致化龍化麟各享壽七旬有餘孫景運恪秉祖父遺訓爲能益光世德者

胡一治字伯正仗義好施尤篤於友誼越中單寒之士莫不受其賙遺有浙東貧孟嘗之號因子貴

敕贈宣議郎贈

特恩功加正一品服妻徐氏孝慈著于閫郡積資三
百金置祭田以供通族之絶嗣者歲祀拜掃無不
豐潔其善行不可勝紀
敕封孺人長子宮字殿仙任漳州通判清廉著聞乎
定八閩督餉有方
特恩加正一品次子宣字文生授安平令絶志苞苴
刑清訟簡弭盜安民各郡邑無不聞風嚮化二子
宗字枚臣考授州同立志終養備盡孝道篤課子
姪母疾歲餘宮宣衣不解帶親嘗湯藥未嘗少懈

刲股祈禱及母卒喪歸俱爲廬墓悲慟盡哀人羨孝友性成而鳳毛玉樹森立庭堦皆一治積善行仁與氏孝慈篤厚之報也

薛維泗字清之號魯齋世居松林其先遷自河東爲三鳳裔有世德維泗生而穎敏偉貌通當世之務及長娶包氏伉儷俱極孝友舉丈夫子五嘗遊京師輕千金重然諾海內之士爭與結納巳而受幕於江南藩司忠信篤實推重一時克承世德長子如璨字孟玉性復孝友負經濟才繼父之志少

年遊長安與名公鉅卿把臂論交康熙甲辰請纓
陳時務
皇上嘉其志錫是聲譽藉甚如璨亟避奢華旋里養
親承歡戲綵曲盡孝道及親歿哀痛幾絶生平樂
善不倦迺旅櫬建宗塚養老給孤村居十里內咸
頼其施甲子歲銓選已迫如璨因疾避跡香山結
廬數椽課子務農自號夢覺主人日禮三皇五帝
文武周孔諸聖朝暮誦大學一章静叅太極河洛
之奥座右惟四書五經遐邇雅重之過訪其秘如

璨曰欲讀天下第一等書莫若四書欲做天下第一等人當盡五倫此外更無秘也

明柯國楩字震暘少孤事母馬氏至孝妻朱氏奉姑尤謹崇禎五年母年七十餘登樓失足墜地折脛鼻衂如注氣絶祇存一綫醫不能治國楩禮斗籲天請以身代同妻割股肉和藥以進母飲之而甦醫胗脉有起色曰此孝感也以藥敷之骨合逾月而愈後延壽一紀邑侯鍾廉得其狀具由云孝子柯國楩孝友天植仁愛性成年十三而父患沉痾

身嘗穢味以求代二十二而母遭危疾夫妻刲股
而獲全篤同氣而培田氏之荊繼承親志撫孤甥
而儷姜氏之被求悅母心孝恩度越尋常懿行日
𤼵枚舉自宜綴入黨冊用以振起頹風申詳學道
黎巡按蕭督撫羅會疏具題奉旨覃恩建坊冠帶
妻以孝婦受旌並載憲綱歲給粟帛順治四年巡
撫蕭公按冊復題優獎無異子庠生世亮文行著
聞無忝所生孫南秀存心利濟克承祖德云
明蔡天福字心蹐宋懋孝公定之十六世孫也九歲

母卒天福哭母雙目失明父憐之命習數術長而賣卜於市竭力供父甘旨父病劇醫藥罔效天福號泣不已潛刲股肉煮藥服之而瘳崇禎朝孝經取士訪天下孝悌力田有司臚其名上諸三院彙疏以聞奉　旨覃恩賜以閑散冠帶建坊於五雲門外額曰孝行足嘉以表異之同坊並旌者明有孝子柯國楩爲子庠生員義因懇孝廟在寶珠橋下力請祀享知縣汪公申詳學道王巡按左巡撫黃批允肖像孫祀祖旁附享几筵有司春秋致祭

皇清徐濂傳字慕蓮天性孝友父琦巳酉科孝廉秉鐸遂安年邁濂傳同妻莫氏隨任朝夕奉養惟勤康熙三十七年父病篤濂傳涕泣禱神求代割股和藥以進病遂瘥康熙四十一年父病膈飲食難進日侍床側親嘗湯藥衣不解帶三載餘父没號哭幾絶者數家人救之得甦事母張氏定省溫凊終身如一日飲食服用雖貧必竭力供奉母或以他事有憂必柔聲婉解得母歡心始巳母常稱其孝云兄洛傳于康熙四十七年苦劇病體潰决妻

妾悉莫能近獨隻身扶持起居飲食咸躬治之兄
易簀時徧告親黨無以報吾弟死而有知誓不忘
也未幾積哀成疾相繼殞命迄于今鄰里朋友無
不以孝友稱之